ちくま新書

スーパーリッチ——世界を支配する新勢力

太田康夫
Ota Yasuo

JN042356

1524

スーパーリッチ——世界を支配する新勢力【目次】

第二章　スーパーリッチ（富裕層）の新潮流

第三章　作られる新貴族文化　087

はじめに

米国のビリオネア（億万長者）の富は、新型コロナウィルス危機が始まった二〇二〇年三月からのわずか二カ月半で一九％増えたようだ。ニューヨークなどで都市封鎖が続く六月初め、米国のシンクタンク「政策研究所（ＩＰＳ）」で格差などを研究するチャック・コリンズが明らかにした試算は衝撃的だった。増加額は五六五〇億ドルで、約六〇〇人の保有する富の総額は三兆五一二〇億ドルにまで膨れ上がった。

大統領のトランプが国家非常事態宣言を出したのが三月一三日。春先まで株価が最高値を更新するなど繁栄に酔いしれていた米国経済は急暗転し、四月の失業率が一四・七％と一九三〇年代の世界恐慌以来最悪の水準に跳ね上がった。

ところが、失業者が急増した三月一八日から六月四日までのあいだに、アマゾン創業者のジェフ・ベゾスは三六二億ドル、フェイスブック創業者のマーク・ザッカーバーグは三〇一億ドルなど、ビリオネアは富を大きく伸ばした。

彼らの富の源泉は主に保有株式である。コロナ危機の影響で米国株が旧来型の業種を中心に大幅に下落するなかで、電子商取引のアマゾンやソーシャル・ネットワーキング・サービス（SNS）のフェイスブックは「在宅勤務などが普及するアフター・コロナの世界で一段と強みを伸ばせる」と、騰勢を強めていたのだ。

コリンズの試算は、株式時価総額が一兆ドルを超えるようなアフター・コロナの勝ち組企業の経営者と、コロナで追い詰められた失業者の格差が一段と開いていることを強く印象付けた。


同じころ、ニューヨークなど米国の多くの都市で商店が襲われる暴動が広がっていた。五月二五日に、ミネソタ州ミネアポリスで白人警察官が黒人男性を拘束死させる事件が起きたのをきっかけに、根強く残る人種差別への反発に火がついた。

根っこにあるのは貧富の格差である。コロナウィルスへの感染では、黒人の死亡率が白人より有意に高い。ブルッキングス研究所の調査アナリスト、ティファニー・フォードなどは、アメリカ疾病予防管理センター（CDC）のデータをもとに「二月初めから六月初めまでのコロナによる黒人の死亡率は白人の二倍に達している」と試算している。低所得で、医療サービスを受けられない人も多い黒人社会の実態を浮かび上がらせた。

［図１］　上位10%の人の所得の割合、1917-2017

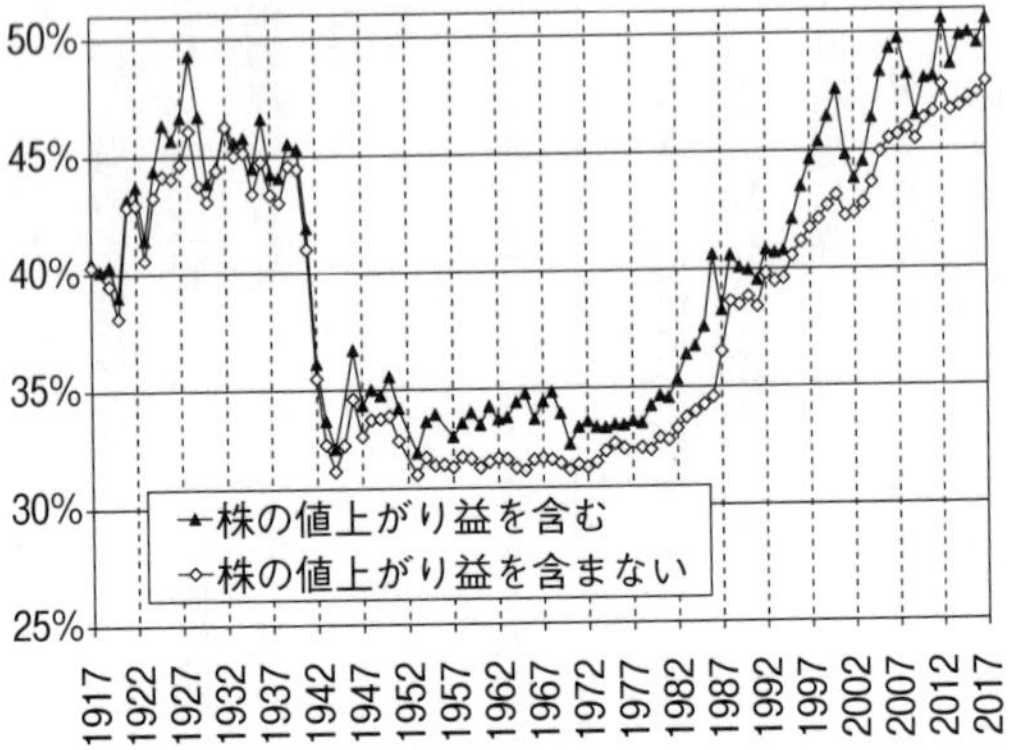

出典：The Evolution of Top Incomes in the United States, Emmanuel Saez, 2019

米国に暗い影を落とす貧富の格差は、実は歴史的な水準にまで広がっている。米カリフォルニア大学バークレー校教授のエマニュエル・サエズによると、二〇一七年時点で所得上位一〇%の世帯が握る所得のシェアは全体の五〇%を超え、大恐慌前の水準を上回っている。

この貧富の格差は大恐慌と第二次世界大戦の影響でいったん縮小したものの、一九八二年ごろから急拡大している。格差に関して貧しい人の悲惨さが取り上げられることが多いが、格差を広げたのは主に豊かな人たちの方だ。上位一%の所得シェアは八二年には一〇%程度だったが、二〇一七年には二二%に達している。コロナで人々が苦しむのを余所目にビリオネアが富を増やしたのは決して特異な現象ではなく、この四〇年のあいだに豊かな人がより豊かになるドラスティックな富裕層世界の変革が起きたのだ。

ルイ・ヴィトンにフェラーリ、ディスコに豪華リゾート。日本が輝いていたように見えた一九八〇年代後半、地価が高騰し、富裕層が急増、そして金満文化が花開いた。

夢のような時代はバブルの崩壊で短命に終わったが、その後、米国はIT時代を切り開き、欧州は経済通貨統合で新市場を作り、中国は資本主義的な手法を取り入れた社会主義で高成長を続けた。

米国などで起きたのは市場原理を重視した経済運営と、インターネットやスマートフォンの拡大に支えられた情報化とがもたらした資産価格の上昇で、その結果、富裕層が激増する。中国やロシアでは経済改革の過程で、都合よく制度を変更させ利権獲得を狙うレントシーキングが横行し、かつての国有組織を民営化した企業を支配した人たちが大金持ちになっていった。

世界的に富裕層が増え、金満文化が広がっていく。ニューヨーク、パリ、モナコ、香港などは、バブル期の東京をしのぐ「スーパーリッチ・シティ」となった。主導するのは保

［表1］　ビリオネアの国別ランキング（2020）

順位	国	人数（人）
1	米国	614
2	中国	389
3	ドイツ	107
4	インド	102
5	ロシア	99
6	香港	66
7	ブラジル	45
7	英国	45
9	カナダ	44
10	フランス	39
11	イタリア	36
11	台湾	36
13	スイス	35
14	オーストラリア	31
14	スエーデン	31
16	韓国	28
17	日本	26
17	シンガポール	26
19	スペイン	24
20	トルコ	23

（出典：米フォーブス　world's billionaires list　2020）

有資産が一〇億（1billion）ドルを超えるビリオネアで、新貴族文化と言えそうな新しい富裕層ワールドが現出している。

ビリオネアの数を見ると米国が六一四人、中国が三八九人なのに対し、日本は二六人で、インド、香港、台湾、韓国の後塵を拝している。日本にいると金融ビッグバン、小泉構造改革、アベノミクスなどさまざまな改革が打ち出されていたと印象を受ける人が多いかもしれないが、残念ながら富裕層ワールドでの地盤沈下は隠しようがない。

新型コロナウィルスが襲い掛かった二〇二〇年現在の世界は、大恐慌以来、戦後最悪などと形容される危機に直面している。感染症は人々の暮らしを変え、コロナ後、世界の風景は一変するとも言われている。

感染拡大を防ぐための自粛の影響が長引けば、「リッチであること」を見せびらかす風潮は一時的に薄れるだろう。しかし富裕層がいなくなるわけではない。それどころか、コロナ危機発生後もビリオネアの富が増えたことが象徴するように、富裕層を生み出すIT巨大企業群のGAFA（グーグル、アップル、フェイスブック、アマゾン）は、アフター・コロナの在宅時代の主役であり続ける。ワクチン開発にかかわる製薬会社も、あらたな富裕層の供給源になる。

富裕層は感染から疎開し、人目を避けつつ豊かな生活を送るようになっている。バカンスを楽しむのはクルーズ船に代わって、一般大衆と接触する懸念の小さい、より豪華なスーパーヨットに代わっていく。富裕層はより安全に、より豪華に暮らしていくだろう。

人種差別ともあいまって暴動が発生したのは、格差が容認できないほどに開いた表れではある。それを政治が無視できなくなると、富裕層を富ませた仕組みにメスが入る可能性はなくはない。政治の在り方が問われる局面になるが、政治を握っていたり、強い影響力を持っていたりするのは富裕層だ。そう簡単に新貴族文化はゆるがないだろう。

筆者は日本でバブルが膨れはじめた一九八〇年代初めから、プライベートや仕事を通じて富裕層の方々と接してきた。のし上がった人、ひっそりと富を守り続ける人、富を守り切れなかった人などさまざまだが、振り返ると東西冷戦の終結、グローバリゼーションの進展、相次ぐ金融危機など国際情勢が激変する中で、富を増やし、政治的影響力を増し、あらたなリッチ文化を築いた富裕層の変化に驚きを禁じ得ない。

本書は、急速に変容しながら膨れ上がったスーパーリッチ（富裕層）の世界を多角的に分析した。一章では保有資産が一〇億ドルを超えるビリオネアの増加を、二章では五〇〇〇万人に迫るミリオネアの動向を、それぞれ取り上げ、新しい富裕層の姿を探った。三章はそうした富裕層の衣食住などの変化を追った。そこには新貴族文化とでも言えそうな、超リッチな世界がある。四章では格差の拡大が社会問題になりつつある状況に迫った。豊かな富裕層ワールドの足元で、反富裕層の動きもくすぶっている。

日本のバブル期は虚飾の世界だったが、その後、世界に広がった新しい富裕層ワールドが虚の世界なのか、新しい現実なのか。いまや富裕層は世界の富の半分近くを握り、その動向抜きには私たちの生活や社会、ビジネスは考えにくくなっている。スーパーリッチの世界の光と影を見つめて、今後の参考にしていただけたら幸いである。

第一章

超富裕層時代の到来

(1) ビリオネアの素顔

†二〇年世界トップはアマゾンのジェフ・ベゾス、離婚慰謝料四兆円の驚愕

オンライン販売、アマゾンの創業者ジェフ・ベゾスの保有する富は黒人家庭平均の四四〇〇万倍――。「政策研究所(IPS)」は二〇一九年に「延期された夢」と題するリポートで、米国の格差の凄まじさの一例として紹介した。ベゾスの資産についてはさまざまな見方があるが、IPSは一六〇〇億ドルと推定している。

毎年世界の長者(ビリオネア)番付を発表している米フォーブス誌によると、ベゾスは一八年にそれまで世界一だったマイクロソフトの創業者ビル・ゲイツを抜いてトップに立ち、二〇年の資産は一一三〇億ドルと、ただひとり一〇〇〇億ドルを超えている。

プリンストン大学でコンピューターを学んだあと、米大手銀行のバンカース・トラスト、

ジェフ・ベゾス

ヘッジ・ファンドのD・E・ショーでシステム・エンジニアとして活躍した。その後、妻と移り住んだシアトルで開業したインターネット書店を、アマゾンとしてスタートさせ、九七年に株式公開している。巨大な倉庫に大量の在庫を抱え、注文が入ると、送料無料で配送する顧客志向の経営が当たり、〇三年には黒字化に成功した。その後は書籍から始まった扱い商品を、DVD、ソフトウエア、スポーツ、ヘルス・アンド・ビューティーなどに拡大し、電子商取引の大手の地位を不動のものとしたインターネット時代の申し子である。

四半期ごとの利益最大化を目指す米国にあって、長期的な視点を重んじ、株式配当をしない独特の経営方針を貫いてきた。経営は独裁色が強いとされ、従業員にも厳しい姿勢で臨むことで知られている。提供する商品の価格とサービスの内容を最重視する企業文化が、巨大企業を築き上げた。

アマゾンの本社があるシアトルとロサンゼルスのビバリーヒルズに豪邸を二つずつ所有しているほか、ワシントンDCには以前は繊維博物館だった建物も持っている。さらに出資する宇宙企業の実験場があるテキサス州には、一万二〇〇〇ヘクタールの農場も所有している。

そんな現代の大富豪は、一九年に二五年間連れ添った妻のマッケンジー・ベゾスと離婚している。アマゾンの株式の一六・三％を保有していたが、離婚に当たって四％をマッケンジーが保有（議決権についてはベゾス氏に譲渡）することで合意した。この株式は三五〇億ドル（四兆円弱）で、慰謝料としてはそれまでの最高の三八億ドルを大きく上回る世紀の離婚となった。慰謝料を手にしたマッケンジーは二〇年のフォーブスの長者番付で保有資産三六〇億ドルと、全体の二二位にランクインしている。

†GAFAの米国

地域別に、どんな人が富豪になっているのかを見てみよう。米国は長年、富豪といえば

ビル・ゲイツ

マイクロソフトの創業者であるビル・ゲイツだった。Ｗｉｎｄｏｗｓで知られるパソコン向けのオペレーティング・システムを開発し、トップシェアを維持し続けている。

九二年に三六歳と史上最年少でフォーブスの億万長者米国一の座に就き、ソフトの時代の到来を印象付けた。その後、毎年のように上位に顔を出し、二〇二〇年にマイクロソフトの取締役を辞任している。

そのゲイツを抜いて一八年にトップに躍り出たのが、ベゾスである。インターネットはこの三〇年で社会基盤として定着し、それをベースにさまざまな経済活動が展開される時代に入っている。代表的な企業が検索エンジンのグーグル（Google, アルファベット）、インターネット

マーク・ザッカーバーグ

関連やデジタル家電のアップル（Apple）、SNSのフェイスブック（Face book）、電子商取引のアマゾン（Amazon）の頭文字をとったGAFAである。米国の長者番付一位のゲイツからベゾスへの交代は、そんなネット時代の新しい展開を映している。

二〇年の長者番付ではGAFAからベゾスのほかに、七位にフェイスブックのマーク・ザッカーバーグ、一三位にグーグルのラリー・ペイジ、一四位にグーグルのセルゲイ・プリンが入っている。超お金持ちはまさにGAFAの時代だ。

ネット関連以外で、目立つのはジム・ウォルトン、アリス・ウォルトン、ロブ・ウォルトン

［表２］　世界のビリオネアランキング

順位	名前	国	資産（億ドル）	富の源泉
1	ジェフ・ベゾス	米	1130	アマゾン
2	ビル・ゲイツ	米	980	マイクロソフト
3	ベルナール・アルノー	仏	760	ＬＶＭＨ
4	ウォーレン・バフェット	米	675	バークシャー・ハサウエイ
5	ラリー・エリソン	米	590	オラクル
6	アマンシオ・オルテガ	西	551	ＺＡＲＡ
7	マーク・ザッカーバーグ	米	547	フェイスブック
8	ジム・ウォルトン	米	546	ウォルマート
9	アリス・ウォルトン	米	544	ウォルマート
10	ロブ・ウォルトン	米	541	ウォルマート
11	スティーブ・バルマー	米	527	マイクロソフト
12	カルロス・スリム	墨	521	テルメックス
13	ラリー・ペイジ	米	509	グーグル
14	セルゲイ・ブリン	米	491	グーグル
15	フランソワ・ベタンクール・メイヤー	仏	489	ロレアル
16	マイケル・ブルムバーグ	米	480	ブルムバーグ
17	馬雲（ジャック・マー）	中国	388	アリババ
18	チャールズ・コック	米	382	コック・インダストリーズ
18	ジュリア・コック	米	382	コック・インダストリーズ
20	馬化騰（ポニー・マー）	中国	381	テンセント
41	柳井正	日本	197	ファーストリテイリング
47	滝崎武光	日本	174	キーエンス
56	孫正義	日本	166	ソフトバンク

（出典：米フォーブス world's billionaires list　2020）

の三氏で、長者番付の八位から一〇位までを占めている。八〇年代半ばに米国一の金持ちだったスーパーマーケット・チェーンのウォルマートの創業者サム・ウォルトンの子息である。

スーパーはネットとは対照的にオールド・エコノミーではあるが、経済に占める消費の比率が六割を超える米国にあっては圧倒的な存在感を誇っている。ウォルトン一族の三人の資産を合計すると、ベゾスを上回っている。

一族としてウォルトン家と並んで、全米屈指と言われてきたのがエネルギー、金融などを展開する非上場の複合企業、コック・インダストリーズを経営するコック家だ。チャールズ・コックとデイヴィッド・コックの兄弟は屈指の資産家として知られていたが、弟のデイヴィッドは一九年に死去。二〇年の長者番付では、兄のチャールズが一八位に入っている。

ほかに富豪としては、九〇年代以降の株価の上昇をけん引してきた投資の分野で実績を積み上げてきたバークシャー・ハサウェイのウォーレン・バフェット、ソフトウエア大手、オラクルの共同創業者の一人ラリー・エリソン、金融情報会社のブルムバーグを立ち上げ、二〇年の大統領選の民主党候補に名乗りを上げたマイケル・ブルムバーグ、大統領トランプの支持者で、統合型リゾート運営会社のラスベガス・サンズの会長のシェルドン・アデルソン、スニーカー・スポーツウエアのナイキの創業者フィル・ナイトなどが挙げられる。

†伝統の欧州は、ファッション・コングロマリット

米国の富豪がＧＡＦＡなど新しい産業の担い手であるのに対して、オールド・インダストリーズの影響力が強い欧州ではファッションや化粧品といった分野の担い手が健闘している。

二〇年のフォーブス長者番付で世界三位に入っているのはフランスの複合企業ＬＶＭＨの会長、ベルナール・アルノーである。もともと家業の不動産業を手掛けていたが、八〇年代半ばにファッション業界に参入。高級ファッションのルイ・ヴィトンとブランデーのモエ・エ・ヘネシーが合併したＬＶＭＨの経営権を握ることに成功し、その傘下に七〇を超えるブランドを収めている。

アルノーに次ぐ富豪はファスト・ファッションの草分け的な存在であるスペインのＺＡＲＡ（インディテックス）の創業者であるアマンシオ・オルテガで、長者番付の六位である。七五年にアコルーニアに出店、八〇年代後半から海外展開も始め、世界最大のファス

トファッション・グループとなった。製造から販売まで一貫して手掛ける体制づくり、サプライチェーン（供給網）の構築など、新しいビジネスモデルを確立したことでも知られている。

欧州三位は世界最大の化粧品会社、ロレアルのフランソワーズ・ベタンクール・マイヤーズ。創業者ウージェンヌ・シュエレールの孫に当たり、ロレアルの株式の三分の一を所有している。二〇年の世界の長者番付でも一五位で、保有資産は四八九億ドルにのぼる。

†時代映すアジアの富豪、長江の李嘉誠から万達の王健林、アリババのジャック・マーへ

アジアで二〇年に最も資産額が多かったのは、中国のIT大手アリババの創業者ジャック・マー（馬雲）だった。前年はテンセントのポニー・マー（馬化騰）がアジアトップとなっており、アジアでも富豪は米国のGAFA同様ITの覇者の時代になっている。

かつて世界の長者番付で、日本の西武鉄道グループのオーナーだった堤義明がトップだったことがあるが、バブル崩壊によって日本人のランクは下がっていく。それと入れ替わるように台頭してきたのがインド勢だった。二〇〇五年の長者番付をみるとアジアでトップは、ミッタル・スチールのラクシュミ・ミッタル。保有資産は二五〇億ドルで、ビル・

ジャック・マー

ゲイツ、ウォーレン・バフェットに次いで世界三位だった。
八九年にオランダで鉄鋼メーカー、ミッタル・スチールを創業し、買収によって規模を拡大、〇六年にはルクセンブルクのアルセロールを買収し、世界最大の鉄鋼会社になった。アルセロール・ミッタルは本社をロッテルダムに置くが、ラクシュミ・ミッタルとその一族が経営権を握っている。
インド勢ではこのミッタルと、石油化学を中核事業とするコングロマリット、リライアンス・インダストリーズのムケッシュ・アンバニがその後、アジアのトップに就いたことがある。インドは国としては貧困層が多いものの、九〇年代初めに経済自由化にかじを切った効果が着実に出ているのに加え、膨大な人口を顧客として取り込める大企業が力をつけており、富豪を生み出している。

近年、躍進著しい中国では、一国二制度のもと、政治的には中国に返還された香港の李嘉誠（リ・カシン）が長いあいだ代表的な長者として知られてきた。長江実業を設立し、香港最大の不動産開発業者に育て上げた。毎年のようにフォーブスの長者番付に顔を出し、一二年から一五年まではアジアでトップの地位に君臨していた。香港では不動産開発の恒基兆業地産（ヘンダーソンランド・デベロプメント）の李兆基（リ・ショウキ）もアジアの長者の常連になっている。

香港は小さな土地に付加価値の高い金融業が発達したことから、不動産価格が高騰。さらに英国から中国に返還されて以降は、海外マネーと中国マネーの結節点として、世界の有力金融機関が拠点を拡大したため、不動産価格がさらに押し上げられ、李嘉誠や李兆基を世界的な金持ちにした。

中国は一〇年に国内総生産（GDP）の規模で日本を抜いて世界二位の経済大国になり、本土でも金持ちが急増している。とりわけ不動産業の発展が著しく、その象徴が万達集団（ワンダ・グループ）だ。

人民解放軍の軍人だった王健林が大連で不動産会社、大連万達を設立し、その後、商業、金融、娯楽産業にも進出し、一大複合企業を形成した。長期にわたる高度経済成長と歩調を合わせるように不動産価格が上がったため、万達の企業価値も膨れ上がり、王健林は中国一の長者となった。一六年には李嘉誠を抜いてアジアのトップに立った。

近年、中国ではインターネットが急拡大し、それに合わせてテンセント、アリババが世界的な企業に成長する。ジャック・マーが一八年に資産額で王健林を抜いたが、それは中国経済の成長の原動力が不動産からインターネットへと変わりつつある象徴でもあった。

†世界一だった堤義明、二〇年のトップはユニクロ創業者

日本ではどんな人が富裕層なのだろう。歴史的には支配層が富を握ってきた。室町幕府の第三代将軍、足利義満は、明との貿易を支配し巨万の富を築き、その富を背景に金閣寺に代表される北山文化が栄えた。江戸時代は将軍家である徳川一族が富の支配権を握っていたが、加賀百万石と言われる加賀藩の前田家、薩摩藩の島津家、仙台藩の伊達家などが、地方で富を蓄えていた。

室町時代以降は町衆の力も強まり、豪商も登場する。戦国時代末期から江戸時代にかけ

ては、御朱印船貿易などに当たっていた京都の豪商で、高瀬川の開削なども手掛けた角倉《すみのくら》了以《りょうい》が知られている。

江戸時代、幕府は江戸だったが、商業の中心は大坂で、市井の大金持ちは大坂の豪商が多かった。江戸時代の初期には、大坂・中之島にコメ市を開いた淀屋の四代目当主、淀屋重当《じゅうとう》が莫大な資産を築いていたと見られている。

また、伊予で銅山開発に当たった住友家、酒造業から両替商に進出した鴻池家なども大阪で活躍し、とりわけ鴻池は大名相手に資金を貸すこともあるなど有数の豪商だった。

明治になると政府の殖産興業の掛け声のもと、さまざまな事業を手掛けた財閥が力を持つようになる。三菱の岩崎弥之助、住友の住友吉左衛門、三井の三井八郎右衛門など各財閥の当主が日本を代表する富裕層となった。

この時期には、多くの商人が実業家として頭角を現した。第一国立銀行を創設した渋沢栄一のほか、安田銀行を設けた安田善次郎、足尾銅山を開発した古河市兵衛などで、事業を多角化し財閥を形成していった。大正期にも経営危機の財閥を継いだ鮎川義介が事業を多角化し、持株会社である日本産業の傘下に日立製作所、日産自動車などを組織する鮎川財閥となった。

［表３］　日本のビリオネアランキング

順位	名前	推定資産（億ドル）	職業
41	柳井正	197	ファーストリテイリング創業者
47	滝崎武光	174	キーエンス創業者
56	孫正義	166	ソフトバンク創業者
315	高原豪久	52	ユニ・チャーム社長
383	三木谷浩史	45	楽天創業者
451	重田康光	40	光通信創業者
494	似鳥昭雄	37	ニトリ創業者
514	永守重信	36	日本電産創業者
565	森章	34	森トラスト・ホールディングス会長
616	三木正浩	32	ＡＢＣマート創業者
648	伊藤雅俊	31	イトーヨーカ堂創業者
712	野田順弘	29	オービック創業者
712	安田隆夫	29	ドン・キホーテ創業者
875	多田勝美	24	大東建託創業者
908	韓昌祐	23	マルハン創業者
1001	宇野正晃	21	コスモス薬品創業者
1135	前澤友作	19	スタート・トゥデイ創業者
1415	福嶋康博	15	エニックス創業者
1513	本谷外志雄	14	アパ創業者
1613	森佳子	13	森ビル取締役
1613	岡田和生	13	ユニバーサル・エンタテイメント創業者
1730	小川賢太郎	12	ゼンショー創業者
1851	福武總一郎	11	ベネッセホールディングス名誉顧問
1851	栗和田榮一	11	ＳＧホールディングス会長
1851	佐治信忠	11	サントリー・ホールディングス会長
1851	和田成史	11	オービックビジネスコンサルタント創業者

（出典：米フォーブス world`s billionaire list 2020）

第二次世界大戦まではそうした財閥グループのトップが有力な富裕層だったが、敗戦で財閥は解体される。戦後は一九五四年から高額納税者が発表され、存在感は低下していった。

代わって戦後復興にのった企業の創業者が富豪に育っていく。その代表が松下電器産業社長だった松下幸之助で、何度も日本の長者番付のトップとなっている。ほかにブリヂストン社長の石橋正二郎、鹿島建設社長の鹿島守之助、大正製薬社長の上原正吉などが高度成長期にかけて富を増やしていった。

戦後、円相場は一九七一年まで一ドル三六〇円に固定されていたため、米国の一ミリオンにあたる一〇〇万ドルは日本では三億六〇〇〇万円に相当した。その時代の億万長者は、広大な土地所有者や、有力企業の創業者などほんの一握りの人たちだった。

その後、日本は二度のオイルショックにもめげずに高い経済成長を成し遂げる。その間、日本の企業は家電や自動車などが世界に進出、また銀行も力をつけた。そうした成長を背景に、地価は右肩上がりで上昇し、一九八〇年代後半にはバブル経済とよばれる状況に至った。

その過程でまず増えたのは土地長者だった。東京の郊外などで宅地開発が進み、地価が上がったため、地主だった人たちの資産がそれにつれて膨らんでいった。

次いで富を蓄えていったのは、医師だった。日本は国民に良質の医療を提供するという考えのもと、医師を手厚くもてなしたため、一種の特権階級を形成した。地方で金持ちの象徴とみられていたベンツ（メルセデス）を乗り回していたのは医師が多かった。

その後、経済成長とともに多くの企業が台頭し、創業者が上場などで長者となっていく。八〇年代は邦銀の躍進が著しかったが、富裕層の世界では武富士の武井保雄、アイフルの福田吉孝など消費者金融の創業者たちが目立っていた。

もともと日本企業は社長と新入社員の賃金格差が小さいのが特徴だったが、企業が力をつけるに従って経営層の賃金が上昇。とりわけ九〇年代以降は自己資本利益率（ＲＯＥ）が重視され、企業が従業員の賃金コストを抑えることで利益を増やし、その増えた利益に連動する形で経営層の報酬が増額された。

九〇年代は新しい企業の担い手が富豪になっていく。世界的なゲームメーカーとなった任天堂の創業家社長だった山内溥《ひろし》、情報通信の時代を先取りする形で光通信を創業した重田康光などが、日本を代表する資産家に育っていった。二〇〇〇年代以降はソフトバンクの孫正義、楽天の三木谷浩史など通信やネットの長者が躍進する。

二〇二〇年のフォーブスの世界の億万長者番付では日本からはファーストリテイリングを率いる柳井正（四一位）、センサー機器、キーエンスの創業者である滝崎武光（四七位）、孫正義（五六位）の三人が世界のベスト一〇〇に名を連ねている。

保有資産が一〇〇〇億ドルを超えるいわゆるビリオネアはこの三人を含め、合計二六人に上る。このなかにはイトーヨーカ堂の創業者である伊藤雅俊や、日本電産の創業者である永守重信、ニトリの創業者である似鳥昭雄のほか、オーナー企業の経営者である森トラストの森章、サントリーホールディングス会長の佐治信忠が入っている。二六人のうち最も若いのは四四歳の通販サイトZOZOTOWNを急成長させた前澤友作だった。

†サラリーマン・ミリオネアの増加

その一方で、近年は有力企業などに勤めるサラリーマン・ミリオネアも増えている。バブル期は銀行、近年ではIT企業などで、四〇歳台で年収が二〇〇〇万円を超えるサラリーマンが増え、彼らが貯蓄して一億円を超える富を保有するようになる。

また、それに関連して格差拡大の抑止効果を担っていたとみられる高額納税者（当初は高額所得者）（公示制度が二〇〇五年に、個人情報保護などの名目で廃止され、その後、二〇一〇年から有価証券報告書に年俸一億円以上を支給している企業役員の個人名と報酬額の開示が義務付けられた。当初、三〇〇人程度だった対象者は増加を続け、二〇一九年には六〇〇人程度になっている。

［表4］　ミリオネアの国別ランキング（2019年）

順位	国	人数（万人）
1	米国	1861
2	中国	444
3	日本	302
4	英国	246
5	ドイツ	218
6	フランス	207
7	イタリア	149
8	カナダ	132
9	オーストラリア	118
10	スペイン	97
11	オランダ	83
12	スイス	81
13	インド	75
14	韓国	74
15	台湾	52
16	香港	51
17	スエーデン	37
18	オーストリア	31
19	ベルギー	27
20	ブラジル	25

（出典：クレディ・スイス　global wealth report 2019）

その結果、一〇〇万ドル以上の富を保有するミリオネアは二〇一九年時点（スイスの大手金融機関、クレディ・スイス調べ）で三〇二万人に上る。これは米国（一八六一万人）、中国（四四四万人）に次ぎ、世界三位のミリオネア国となっている。

欧米アジアに比べ、経済成長率が低く、新しい世界的企業が育っていないため、世界的な大富豪は少ないが、一億円を上回る小金持ちが多いのが日本の昨今の富裕層の特徴になっている。

中国などに比べペースは鈍いとはいえ、日本の富裕層が増えているのは本来悪いことではないはずだが、気になることもある。

この一〇年で日本の富裕層は七〇万人近く、率にして三割近く増えている。長期にわたる金融緩和で株価と地価が押し上げられたことと、法人税率が引き下げられた企業が増益基調を維持したことが背景にある。

ただ、その間、日本のＧＤＰはほとんど増えていない。経済活性化のための政策は、豊かな人を富ませることに貢献はしたが、それが経済全体の成長に結びついていないのだ。

政府は企業が豊かになれば、それが従業員にも還元され、経済が豊かになる「トリクルダウン」が起きると説明していたが、企業は利益を内部留保の形で積み上げ、還元したのは役員が中心だった。トリクルダウンは企業の経営者によって、葬り去られたのだ。

日本は戦後、比較的格差が小さい状態を維持することで、中間層の勤労意欲を高め、成長をもたらした面がある。その間、日本企業のトップの報酬は欧米の同業他社に比べかなり見劣りしたため、今、それが少しずつ是正されつつある。

それをおかしいというつもりはない。ただ、欧米で富裕層が増えた背景には、高い経済成長と企業の評価の高まりがあるのだが、日本はそれとは異なるメカニズムで増えているような気がする。

内部留保を積み上げても、先行きの成長戦略を示し、それが評価されている企業はごくわずか。企業価値を高められない企業のトップの報酬だけ上げると、従業員の士気が失われる恐れがある。とりわけ従業員の賃金を抑え、企業の利益を維持しようとする企業においていて、そのリスクは高い。日本の富裕層の増加が、ゆがんだ格差拡大の結果でなければいいと願うばかりだ。

(2) ビリオネア時代の意味

†かつての富裕層の代表、王侯貴族のいま

GAFAが君臨する、現代のお金持ちの世界を見ていくにあたって、まずこれまでどんな人がお金持ちだったのかを見てみよう。歴史的に最もお金持ちだったと名があげられるのは、モンゴルのチンギスハン、ムガル帝国のアクバル大帝など広大な領地を支配し、絶対的な力を持っていた皇帝たちだ。大金持ちであったのは間違いないが、資産の所有形態や貨幣価値の違いなどもあって、今の基準でどの程度の豊かさかはよくわからない。

富豪としては、古くはフィレンツェで銀行業を営んでいたメディチ家、中世欧州の郵便業を押さえていたタクシス家、欧州で金融業を手掛けたロスチャイルド家などが有名だ。一九世紀以降で世界一の富豪と認識されているのはスタンダード・オイルを創設したジョ

ン・ロックフェラーで、保有資産は一九〇〇億ドルを超えていたとみられる。次いで米国の鉄道王として知られるコーネリアス・ヴァンダービルトで、保有資産は一四〇〇億ドル超。米国が独立した当初に不動産や毛皮貿易で儲けたジェイコブ・アスターも、保有資産は一〇〇〇億ドルを超えていた。まさに歴史的なお金持ちである。

古くからお金持ちの代表だった王族は今でも有力な富裕層を形成している。とりわけ独裁色の強い国家運営を強いている国では、国の富の多くを王が握っている。

二〇一九年一〇月、日本で天皇陛下の即位礼正殿の儀が執り行われた。即位を内外に知らせる意味があり、一九五カ国から元首などが招かれ出席した。スペインのフェリペ六世やオランダのウィレム・アレクサンダー国王、スウェーデンのグスタフ国王など日本でも比較的知名度の高い王族が出席したが、饗宴の儀で、主賓格で新天皇の横に座ったのはブルネイのハサナル・ボルキア国王だった。

日本ではあまり知られていないボルキア国王が新天皇の横に座ったことについて、テレビなどでは一九六八年に就任し、在位が五二年と出席者の中で最も長いためと説明していた。

ただ、ボルキア国王は単に統治期間が長いことだけが特徴ではない。おそらく現在、世界の王族の中で最も保有資産が多いと見られている。ブルネイは立憲君主制だが、王が法律の制定権と、裁判官の任命権を握る事実上の絶対君主。独立してずっと王位にあり、首相、蔵相、国防相も兼務している。

国には石油、天然ガス田があり、一人当たりの国民総所得が日本を上回る年もある。王の個人資産は二〇〇億ドルを超え、自動車の蒐集が趣味でロールスロイスやランボルギーニなど高級車を五〇〇〇台以上も保有している。

二〇一四年五月に筆者はブルネイを訪れたが、ちょっとしたカルチャー・ショックを受けた。金のドームが輝くニューモスク、七つ星ホテルと言われるジ・エンパイアホテル──石油と天然ガスが、カリマンタン（ボルネオ）の熱帯雨林のなかの小村バンダルスリブガワン（首都）を、金ぴかの街に変えていた。

バンダルスリブガワンには、数百年の歴史がある水上集落がある。東南アジアの水上集落というと貧しく、不潔なところが多いが、ここは水道も電気も完備し、住民はこざっぱりした生活を送っていた。医療費、教育費は無料で、所得税や消費税もない。

欧米で絶対君主というと国民から搾取する悪い印象を抱きがちだが、ボルキア国王は有り余る富を使って国民の生活レベルをアジア最高水準にまで引き上げていた。人口が四〇万人程度の小国だからこそ可能だったのかもしれないが、住民に富を還元し不満を蓄積させない統治手法が五〇年以上も君臨し続けるカギだと感じた。

†相対的に薄れてきた王族の富裕感

このボルキア国王に並ぶお金持ちの王族はサウジアラビアのサウド家の王子、ワリード・ビンタラールだ。世界的に有名な投資家で、同国最大級の企業、キングダム・ホールディング・カンパニーのオーナー。エアバスA380をプライベート・ジェットとして、世界中を飛び回っている。

サウジでは王族の一員として相応の政治力を持っていたが、二〇一七年に反汚職委員会によって逮捕されている。その後、当局と和解し釈放されたが、政治的な影響力については以前より落ちていると見られている。

古くから王侯貴族が巨大な富を支配してきた欧州では、スイスに隣接する小国、リヒテンシュタインのハンス・アダム二世の個人資産が最も多いとされる。居城や、そこで所蔵する膨大な美術品、さらにはオーストリアに所有する不動産などだ。ほかにLGT銀行も保有してきた。

そのハンス・アダム二世に、一九九三年一月に居城で話を伺った。当時、欧州単一市場に参加できる枠組みである欧州経済領域（ＥＥＡ）発足を控えていて、隣国で関税同盟を結ぶスイスが国民投票で加盟を見送ったのに対し、侯爵は「欧州の地図は常に塗り替わっている。政治的には自治権を目指し小さな単位に分割される傾向がある一方で、経済は統合に向かっている。ＥＥＡはそうした統合の一例で、加盟することで我々の市場が広がる」と、スイスと距離を置き、ＥＥＡに加盟する決断の真意を明らかにした。

欧州は統合にむけたブームの真っ最中だったが、「戦争が五〇年も起きていないのは歴史的にまれな状況で、これがずっと続くとは限らない」とも漏らしていた。リヒテンシュタイン家が三〇〇年も領地を維持し、富を蓄えてきたのだが、その背景にある時代の流れを正確に判断しながら、万一の事態にも備えるかじ取りの巧みさが印象深かった。

王侯貴族の富に話を戻すと、英国のエリザベス二世の保有資産は数年前に英国で四億五〇〇〇万ドルと報じられている。これは個人資産と計上されているイングランド、スコットランドの不動産、美術品・宝石などで、バッキンガム宮殿、王冠、絵画などは国の所有で、女王の富とはカウントされていない。

王族の富はいまだに健在だが、経済の拡大による民間の富の膨張で、王族の相対的な富裕感が薄れているのは事実だ。アマゾンのベゾスの保有資産は一〇〇〇億ドルを超えており、それに比べると王族で最高クラスのボルキア国王の二〇〇億ドルは数分の一に過ぎない。アマゾンの株式時価総額が一・六兆ドル（二〇二〇年八月半ば）と、第三の経済大国である日本の予算額を上回るような時代になり、そうしたスーパー企業の創設者が富の支配者として君臨している。

†GAFA寡占の歴史的意味、国の金持ちからグローバル社会の金持ちに

二〇世紀の半ばから後半にかけて、大金持ちはミリオネア（百万長者）と呼ばれていた。ミリオンというのは一〇〇万を表す英語で、一〇〇万ドルを保有する人がミリオネアである。今と貨幣価値がかなり違った時代であり、そんな時代に一〇〇万ドルの富を保有する人はほんの一握りだった。

ところが、その後、世界は驚異的な発展を遂げる。敗戦国だった日本やドイツは焼け野原から立ち直り、世界第二、第三の経済大国にのし上がった。その過程で富が蓄積され、

多くのお金持ちを生み出すことになる。アジアや中南米の途上国は国としての発展は遅れたが、プランテーションや石油など資源関連のビジネスを手掛ける富豪が生まれていった。

ベルリンの壁の崩壊とともに、中国、ソ連など旧共産圏諸国が、経済面で西側の自由主義経済圏と一体化されていく。中国やソ連は資本主義的な手法を取り入れ、多くの国有企業を離陸させた。その経営者たちは世界的な富豪に育っていく。

九〇年代半ばからはITの時代に突入し、米国などでマイクロソフト、アマゾン、グーグル（アルファベット）などが台頭する。新しい技術を生み出すシリコンバレーは起業家を次々に輩出し、そのなかから多くの起業家が巨万の富を手にしていった。

世界経済が比較的順調に発展するにつれて、富裕層に富は集中し始める。西側の資本主義が世界に浸透し、富める者はより豊かになっていき、いまやもっとも豊かな富裕層といえばビリオネアと認識されている。かつてのミリオネアが百万ドル以上の所有者だったのに対し、ビリオネアは一〇億ドル以上の所有者である。最富豪を表す言葉のベースが、一〇〇〇倍にもなったのだ。

富豪がビリオネアになっていったのは、九〇年代以降の株価の上昇が大きな要因になっている。富豪は事業を起こしたり、その事業を親から継承したりした人々で、その事業会社の株式を保有しており、その保有株の評価額が莫大な額になる。いわゆる株式長者である。

この株式長者の代表は一九八〇年代にはウォルマートの創業者サム・ウォルトンで、世界最大の経済規模を誇る米国をベースにした企業の時代を象徴していた。その後、ビリオネアのトップの常連となったのはマイクロソフトのビル・ゲイツで、それは情報化時代にビジネス基盤を提供する同社の躍進と軌を一にしている。

その後、GAFAが躍進するが、それはマイクロソフトなどが築いた情報基盤を使って各社が独自のビジネスモデルを国の枠にとらわれず展開し始めたことの表れでもある。世界最大の企業は一つの大国を代表する企業から、グローバルな世界をベースにする企業へと変わっていき、それに伴って企業の評価は飛躍的に高まることになる。そうした価値の源泉の変化を如実に映したのが、九〇年以降の株価の上昇だった。

例えば、一九八九年に世界で最も株式時価総額が大きかった企業は日本のNTTで、一六〇〇億ドルだった。二位から五位までは邦銀で、日本以外では六〇〇億ドル強のIBMの六位が、最高だった。それが一九九七年にはトップが米国のゼネラル・エレクトリックの二四〇〇億ドルで、ＮＴＴは五位まで後退している。九八年にはマイクロソフトが三四〇〇億ドルで首位に立ち、同社の時価総額はいわゆるＩＴバブルに乗り九九年には六〇〇〇億ドルを超えた。

ＩＴバブルが崩壊した後は、ゼネラル・エレクトリックやエクソンモービルなどがトップとなったが、二〇一二年にアップルが首位となり、一八年にはアマゾンがアップルを抜いた。その年以来、時価総額の上位はＧＡＦＡとマイクロソフトが占めており、そのうちアップル、マイクロソフト、アルファベット、アマゾンはいずれも時価総額一兆ドルを超えたことがある。

直近（二〇二〇年八月半ば）で世界最大の企業は、再び評価が高まったアップルの二兆一〇〇〇億ドル。世界のトップ企業の株式時価総額は三〇年のあいだに一〇倍以上にも膨れ上がった。株価の上昇を主導してきた企業の株式を大量に保有する創業者やその関係者が、それにつれて大富豪になっている。これは情報化、国際化といった経済の潮流変化をビビッドに映したものだろう。

†ビリオネア、五年で一・五倍

富裕層の頂点に君臨する保有資産が一〇億ドル以上のビリオネアは、二〇二〇年に世界で二〇九五人（米フォーブス誌）、保有する資産の合計は八兆ドルにのぼる。コロナショックの前から経済成長率がやや減速していた影響もあって、ビリオネアの数は一九年に比べれば二二六人、その資産額も七〇〇〇億ドル減っている。

ただ中期的なトレンドを見ると、ビリオネアは猛然という勢いで増えている。〇八年の米大手証券会社、リーマン・ブラザーズ破綻の影響で、〇九年のビリオネアは七九三人、その資産合計は二・四兆ドルにとどまったが、一〇年には一〇一一人、三・六兆ドルと増加に転じ、その後一八年までは毎年増加を続けた。この一〇年でみるとビリオネアは人口で倍、資産額で二・二倍になっている。一人当たりの資産額の増加を伴いながら、一〇年で倍という驚異的ペースで伸びたのだ。

国別で最も多いのは、世界最大の経済大国である米国である。二〇年のビリオネアは六一四人で、ビリオネアの三割強は米国人である。古くは金融や鉄道、エネルギー資本家、最近ではＩＴ長者など世界的なビジネスの覇者が次々に生まれ、ビリオネアが増えていった。

経済規模で日本を抜いて世界第二の経済大国に躍り出た中国のビリオネアは三八九人で、

米国を急追している。経済成長とともに不動産価格が高騰し不動産業者が長者になり、さらにITで成功したビリオネアも増えている。

三位は欧州の雄のドイツで一〇七人。スーパーの経営者、自動車メーカー、海運、コンサル、ソフトウエアと幅広い業種の実業経営者が中心だ。

四位はインドの一〇二人。九〇年代半ばから取り組んできた規制緩和が効果を上げ、有力企業が育ちつつある。とりわけバンガロールを中心に育成したIT産業が、多くのビリオネアを生み出すベースになっている。

五位はロシアの九九人。ソ連時代のエネルギーや石油・ガス開発の国営企業を民営化した企業の経営者が名を連ねている。インターロス・グループを率い、ノリリスク・ニッケルを買収したことで知られるウラジミール・ポターニンが代表格だ。六位以下は香港、ブラジル、英国、カナダ、フランス、イタリアなどが続き、日本は二六人で一七位にとどまっている。

日本は自動車、素材などで世界的な企業はあるものの、比較的オールド・インダストリーズが多い。一方でITなど最先端の分野では世界的な企業は育っていない。その結果、例えば株式時価総額（二〇年八月半ば）で見ると世界の上位一〇〇社の中にトヨタとソフトバンクしか入っておらず、経済規模に比したビリオネアを生み出せていない。

日本のような特異な国を除くと、国の経済規模が大きければビリオネアは増えがちになるが、人口を勘案して比較すると別の姿が見えてくる。人口当たりのビリオネアが最も多いのはモナコで、一万人に一人がビリオネアである。モナコのビリオネアは三人だが、これはナイジェリアやコロンビアと同じ人数。小国だけに人口あたりに直すと圧倒的な集中度になる。税金の安さ、治安の良さ、地中海に面した高級リゾートという立地といったさまざまな魅力が世界から大金持ちを引き付け、圧倒的なスーパーリッチ比率の高さを誇っている。

モナコについで多いのは香港で、一一万人に一人がビリオネアである。実数は六六人だが、人口規模を考えると驚異的な多さだ。中国マネーの輸出入の窓口の役割を果たしているだけに、アジアのビリオネアの集積地になっている。

シンガポールや、スイスは二〇万人に一人、キプロスは四〇万人に一人が、それぞれビリオネアである。税金が安く、資産保全がしやすいといわれるタックス・ヘイブンに居を構えるビリオネアが多いことが見て取れる。

ビリオネア数が最も多い米国は、人口も多いためビリオネアは五三万人に一人。中国になると、さらに人口が多いため、ビリオネアは三五八万人に一人にとどまる。同じ尺度で日本をみると、四八六万人に一人で、その比率は中国よりも少ない。

富める者をより富ませる資本収益率の高さ

二〇〇七年から〇八年にかけて起きた金融危機を受けて、欧米で格差に関する研究が盛んになった。理由は三つある。問題となったサブプライムローン（信用力の低い個人向け住宅融資）が、貧しい人を食い物にするような商品設計になっていたことがひとつ。二つ目は危機の背景となった長きにわたる信用緩和が富裕層の富を増やしたととらえられたことだ。三つ目としてサブプライムローンを積極的に手掛けていた銀行に公的資金を投入して救済したことがある。政策が貧富の差を助長しているのではないかとの疑念が高まったのだ。

格差論でとりわけ注目されたのは、フランスのパリ経済学院教授のトマ・ピケティが著した『21世紀の資本』（みすず書房・二〇一四）である。一九八〇年以降、米国で格差が急速に開いたことについて、賃金格差が前代未聞の拡大を遂げた結果で、なかでも大企業の重役たちがすさまじく高額の報酬を受け取ることになったことが大きいとピケティは分析している。大企業の重役で、自分の仕事の対価として歴史的にみても前例のない高額な報酬を得る人々を「スーパー経営者」としている。

経済論的な側面からは、「資本収益率」に注目している。経済学で使われるモデルではすべての所有者にとって資本収益率は等しいと想定するが、裕福な人たちが高い平均収益率を手にする可能性が高く、規模の経済が作用して、大規模なポートフォリオに高い平均収益率がもたらされる可能性があるとの見方を示している。

ビリオネアなどに関しては、ある閾値を超えると巨額の財産は、それが相続財産であれ、企業的な由来であれ、所有者が働いていようがいまいが、総じて成長率は極めて高い傾向が観察されるとしている。

結論として「民間財産に基づく市場経済は、放置するなら強力な収斂の力を持っている。民間資本収益率が、所得と産出の成長率を長期にわたって上回りうる。それは過去に蓄積された富が、産出や賃金より急成長するということだ。その結果、事業者は不労所得生活者になってしまいがちで、労働以外の何も持たない人々に対してますます支配的になる。それが長期的な富の分配動学にもたらす結果は潜在的にかなり恐ろしいが、この富の分配の格差拡大は世界的な規模で起こっている」と強調している。

要はいったん豊かになれば、その富を生かして運用などで富を増やすのだが、運用などによる収益率の伸びの方が、一般の人が働いて得る収益の伸びより大きいため、格差は広がる。そしてそうしてためた富がある一定の水準を超えると、ますます増えやすくなり、結果的にビリオネアがどんどん増えているというのである。

第二章

スーパーリッチ（富裕層）の新潮流

（1）激増するミリオネア

†ミリオネアの急増

超富豪のビリオネアの増加とともに顕著なのが、ミリオネアの急増だ。金融資産が一〇〇万ドル以上の富裕層は一九九六年に四五〇万人（キャップジェミニとメリルリンチの共同調査）で、その保有資産は一六兆六〇〇〇万ドルだった。それが二〇一八年には一八〇〇万人、保有資産は六八兆ドルに拡大している。二〇年余りで、ミリオネアが四倍以上になったのだ。

不動産も含めた幅広い資産保有額でみると、資産（クレディ・スイス調べ、不動産など非金融資産を含む資産額から負債を差し引いたベース）が一〇〇万ドルを超える富裕層は、二〇〇〇年に一三八八万人で保有額合計は三九兆ドルだったのが、二〇一〇年には二四二〇

［図２］　富のピラミッド2019

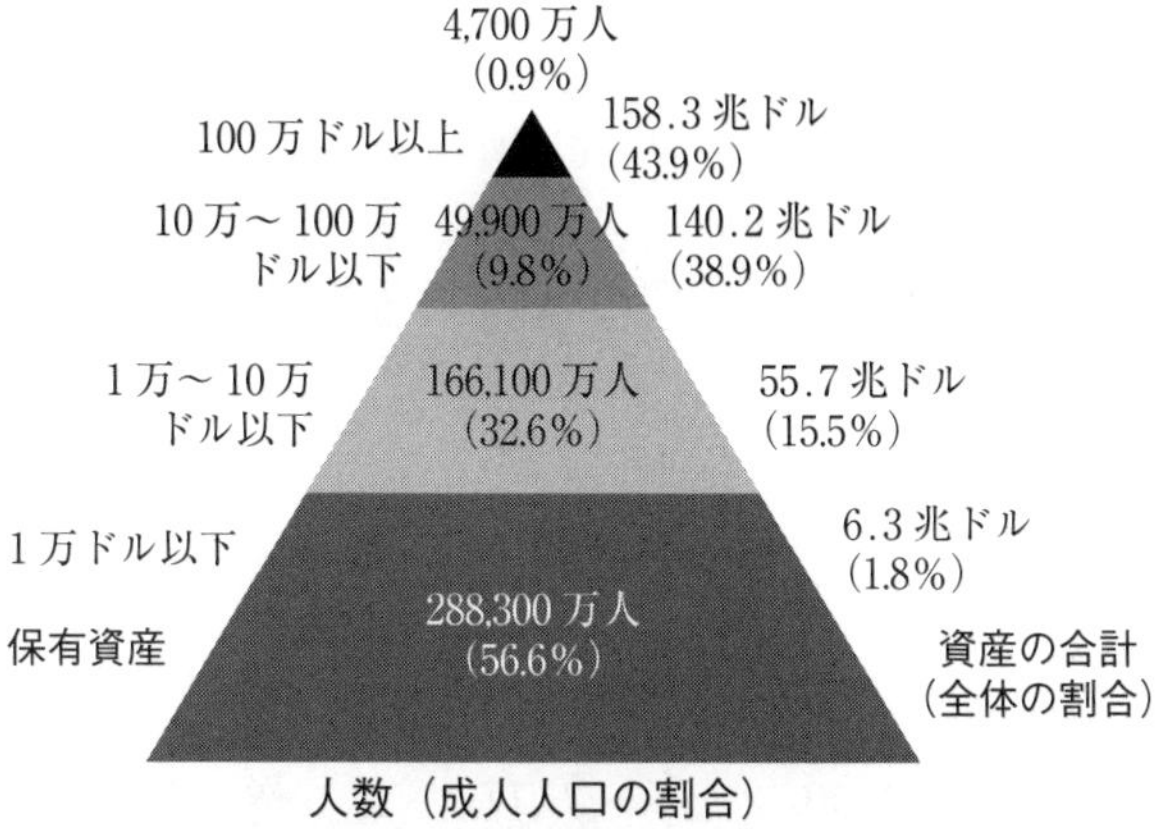

出典：Global wealth databook 2019

万人、保有額六九兆ドル、二〇一九年には四七〇〇万人、一五八兆ドルへと拡大している。

世界的に富裕層が拡大し、その結果として貧富の格差が開いていることについて、パリ経済学院のフランソワ・ブルギニョンは国際決済銀行（ＢＩＳ）作業論文「格差における世界の変化」の中で、「グローバリゼーションと、技術革新がほとんどの国で、高いスキルを伴う労働、資本の報酬を押し上げることで、疑いもなく格差を開く方向での影響を与えた」と分析している。

地域別にみてみると、ミリオネア（不動産を含む、クレディ・スイス調べ）拡大の原動力はここでもやはり米国での増加だ。米国では二〇〇〇年に七四四万人だったが、二〇一九年は一八六一万人と、約二〇年で一〇〇〇万人以上も増えている。この間、米国で株価が多少の上下動を伴いながらも、右肩上がりを続けた。また不動産価格もリーマン・ショックで一時調整したが、それを除いては上昇しており、資産価格の上昇が富裕層の増加に貢献した。

†新興国で拡大する中間層

さらに国際化の波に乗って新興国が台頭し、各国で中間層が増えたことも大きい。中国は言うまでもなく、九〇年代には国債の債務不履行を起こしたロシアでは二〇〇〇年にミリオネアは一万四〇〇〇人程度しかいなかったが、二〇一九年には二四万人に増えている。インドでは二〇〇〇年の三万四〇〇〇人から、一九年には七五万人に増えている。ロシアはエネルギー、インドはＩＴが国の経済を引っ張り上げ、富裕層が急増した。

それに比べて相対的に地盤沈下しているのが日欧だ。二〇〇〇年に米国に次いでミリオネアが多かったのは日本（一九九万人）、英国（七五万人）、ドイツ（六一万人）だが、一九年までに日本は一・五倍、英独は三倍になったものの、一〇〇倍以上に増えた中国に抜かれてしまった。

このミリオネアの急増は、社会的には大きな意味を持つことになる。なにしろ全世界で四七〇〇万人もの人口がそこに存在するわけで、それはかつてのごく一部の特殊な金持ちではなく、立派なマス（大衆）を形成しはじめているからだ。しかも、その人々は基本的に可処分所得が高いと想定されるため、新たなミリオネア市場が登場したことになる。この影響については第三章の「作られる新貴族文化」で見るが、その前に拡大するミリオネアの最前線を見てみることにしよう。

(2) 最も影響力があるチャイナ・リッチ

†コロナウィルスが示したぜいたく品市場への中国依存

二〇二〇年一月二〇日、中国の湖北省武漢で新型コロナウィルスの感染が拡大したのを受けて、欧州のラグジュアリー商品セクターの株価が急落した。中国が風邪をひけば、ラグジュアリー市場は寝込んでしまうほど、中国の富裕層の影響が強まっている。

二〇〇三年にコロナウィルスによる感染症である重症急性呼吸器症候群（SARS）が流行した時に、二月から四月にかけてLVMHやリシュモンの株価が下げたことがある。今回はそうした会社の売り上げに占める中国の比率が一段と高まっているため、より深刻な影響が出かねないと懸念された。

中国の影響が大きいのは、富裕層の多さのためだ。ミリオネアは二〇〇〇年に三万八〇〇〇人に過ぎなかったが、二〇一九年には四四四万人と米国に次ぐミリオネア大国に躍り出た。中国では各地の国営企業が民営化し、株式上場されたが、それに伴いそうした会社の役員層がミリオネアになっていった。また中国の経済発展に伴って国際的な有力企業や金融機関が進出し、高給で優秀な人材を雇って業務拡大を図ったため、そうした企業の従業員も富裕層になっていく。さらに、その間ほぼ一貫して不動産価格が上昇したこともあって、都市部で比較的優良な不動産を保有する層の資産も膨れ上がった。

中国のラグジュアリー好きの原点は、金への志向にある。中国の富裕層の特徴として、人民元キャッシュではなく価値のある物を保有する傾向が強い。中国は戦後、共産主義政権が誕生したあと驚異的なインフレが起きた苦い経験があり、元に対する信頼は必ずしも高くない。銀行預金の金利が人為的に低めに設定されてきたこともあり、一般国民は価値の保存に苦慮してきた。

価値の保存の手段として好まれてきたのが、金である。美しく、豪華で、縁起もよく、万一の際に持って逃げやすいため、昔から金製の宝飾品が愛好されてきた。中国の毎年の金消費量（宝飾品と現物投資の合計重量）は一〇〇〇トンに迫ることもあるほどで、これは米国の消費量のほぼ四倍である。

こうした中国の富裕層の金好きに注目して古くからビジネスを展開してきたのが周大福珠寶集団（チョウ・タイフック・ジュエリー）だ。周大福は一九二九年に香港で創業し、五六年に純度九九九・九の金製ジュエリーを扱い始め、その後、中国本土にも展開していった。現在、香港、マカオ、中国にフランチャイズも含めると二〇〇〇を超える店を構え、富裕層の顧客をつかんでいる。

†資産保全は金からブランド物へ

中国の経済が発展するにつれて、金だけでなく、価値ある物に志向が広がっていく。金は中国国内においてはステータスを示すものであったが、その対象が欧米の高級ブランド品へと拡大していった。

中国では国内に高級品分野のブランドが育っておらず、金以外に彼らの価値保有の満足感を満たすものがなかった。しかし、国際化を進めたことで、高い価値を有する欧米ブランド品に接することになり、富裕層はそんな高級品を志向する傾向を強めていった。

中国の富裕層のラグジュアリーな商品の購入意欲は旺盛だ。二〇一八年に英金融機関の

HSBCが二〇〇〇人の富裕な中国人を対象に実施した調査によると、お金があるときにしたいことは「バケーションに行く」との回答が最も多く、「宝石の購入」、「新しいスーツの購入」が続いた。自分自身のために質の高い外国製品を購入したいという欲求が極めて強く、それが旺盛な消費につながっている。

どの国のブランドが好きか聞くと、トップはフランスの三六％で、イタリアの二〇％、米国の一四％が続いている。具体的なブランドは「ジャケット・コート」がプラダ、バーバリー、ゼニアの順になっている。「靴」ではルイ・ヴィトン、グッチ、エルメス、「スーツ」ではアルマーニ、ジバンシー、プラダ、「ハンドバッグ」はコーチ、ランセル、フルラ、「高級ハンドバッグ」ではエルメス、シャネル、ルイ・ヴィトン、「時計」はロレックス、オメガ、ロンジン、「宝石」はカルティエ、シャネル、ティファニーとの結果が出ている。

欧州ラグジュアリー商品の販売に占める中国向け（中国人旅行者の購入も含む）の比率は三五％程度とみられ、多くの高級時計メーカーを傘下に抱えるスウォッチ・グループでは販売の四二％は中国向け。一九八〇年代の日本のバブル期に、日本人が「ジャパン・マネー」にあかして欧米ブランド品を買いまくったことがあったが、それを上回るような「チャイニーズ・マネー」によるブランド購入が起きている。

コンサルタント会社のマッキンゼーによると、中国のラグジュアリー消費額は二〇一八年に七七〇〇億人民元で、世界のラグジュアリー消費に占めるシェアは三二％。中国のラグジュアリー消費は年率六％で伸び、二〇二五年には一兆二二七〇億元に増える見通しになっている。それに対し中国以外は二％程度の伸びしか見込めず、二五年の中国のシェアは四〇％に達するという。二〇二〇年に新型コロナウィルスの感染が世界的に広がったため、消費の伸びはやや鈍る可能性もあるが、中国シェアの拡大という基本的傾向は変わらないだろう。

†旅行好きの中国人富裕層が変える観光マーケット――パンダ・トラベルの実態

中国の富裕層のもうひとつの特徴は、旅行好きだ。中国が海外旅行を解禁したのは一九九七年で、国民に新しい楽しみが追加された。最近でこそ中国が経済的に力をつけ、北京や上海に高級ファッション・ブティック、グルメ・レストランなどが増えてきたが、当時はまだ発展途上にあっただけに、富裕層が国内にない楽しみを求めて海外旅行に出かけた。

中国の経済力が上がるにつれて、中間層にも海外旅行熱が高まり、日本などで「爆買い」と呼ばれるような物品購入を展開した。中間層は旅行会社のツアーで海外旅行するケースが多いが、近年は富裕層を中心に個人旅行も増えている。中国国内ではブランド品などでも偽物が出回ることが少なくないだけに、欧州や日本で本物の高級品を買い求めたいという需要が強い。

中国のアウトバウンド旅行者は二〇一〇年に五七〇〇万人だったが、一五年には一億一七〇〇万人に倍増。二〇二〇年には一億六〇〇〇万人になる見通しだった。増加率は年六・五%にも達し、世界の旅行市場の拡大をけん引している。二〇年には新型コロナウィルスでアウトバウンドは一時的に減るだろうが、コロナが収束すれば再び増加に向かうとみられている。

中国の富裕層は旅行だけにとどまらず、海外に不動産を買い求める人が増えており、カナダやオーストラリアではチャイナタウンさながらの街が増えつつある。

海外に不動産を求めるのには経済、政治面での事情が絡んでいる。経済的には中国では不動産の利用権は得られるが、所有権は得られないため、資産としての安心感は低いという。そのため、不動産の所有権を確保したいという欲求が強い。もともと不動産への執着が強い人たちだけに、海外で買いあさっているということだ。

また中国では預金金利が低く、現金を保有するメリットが少ない。そのため分散投資の一環として不動産を位置付けており、世界中で値上がりを狙える不動産投資に余念がない。二〇二〇年の東京五輪を控え不動産の値上がりが見込めるベイエリアのタワーマンションを中国の富裕層が、購入したのも、そうした背景からだ。

政治面での事情としては、逃避先の確保がある。中国の共産党一党支配は、今は安定しているものの、数十年前に文化大革命が起きた苦い経験がある。また、国や地方の利権を悪用して私腹を肥やす不祥事が頻発し、汚職防止のために厳しい摘発が行われてきた。保有する富が増えるにしたがい、そうした息苦しい体制から抜け出し、より安定した生活を求める人も増加している。いざというときに脱出できるように、海外で不動産を確保しておこうとする動きも後を絶たない。

この中国の富裕層マネーにより翻弄されているのが、カナダの住宅市場である。カナダは歴史的に移民の受け入れに積極的で、年間二〇万人を超える移民を受け入れている。人口が少なく、労働人口が限られている中で、移民はカナダの重要な経済の担い手であり続けた。

とりわけ富裕層に対しては投資移民制度を設け、移民を促していた。一六〇万カナダドルの資産を持ち、政府の投資案件に八〇万カナダドルを融資すれば、永住権を付与するという制度だった。中国の富裕層がこの制度を利用して、西海岸のバンクーバーなどに移民してきた。

中国での財産保全に不安を抱く中国人の富裕層にとって、カナダは法制度が安定しており、資産保全には好都合だ。また教育水準が高く、子弟の教育環境も良好だ。そのためカナダはオーストラリアと並んで、中国人富裕層御用達の移住先となった。

温暖なバンクーバーは中国人が急増し、市の人口の四人に一人は中国人という状況になった。バンクーバーに隣接するリッチモンドでは人口のほぼ半分が中国系で、街を歩くと英語と並んで中国語の表示も目立っている。ショッピングセンターに行けばアジアの食品が並んでおり、街中が新しいチャイナタウンといった様相を呈している。

そうしたことからバンクーバーのプライム住宅価格は二〇一五年に二四・五%も上昇し、上昇率はシドニー（一四・八%）、上海（一四・一%）などを大きく上回り世界一となった。

ただ、中国の富裕層による投機的な住宅購入も増えて、バンクーバーの一戸建て住宅価格は一五〇万ドルにものぼり、現地市民の手の届かない水準に高騰した。投資目的で購入され、空き家のままの住宅も増え、治安の悪化を懸念する声も強まってきたため、カナダ政府は投資移民制度を中断することを決めた。

さらに二〇一八年にはカナダが、米国政府からの要請で中国の華為技術（ファーウェイ）の副会長である孟晩舟（モウ・バンシュウ）を逮捕したことを受けて、中国とカナダの外交関係が悪化した。中国の富裕層にとってカナダは財産が安全に守れる最高のロケーションとみて移住していたのだが、政治リスクが伴うことが明確になった。

このため二〇一八年のラグジュアリー住宅の価格変化を見るとバンクーバーは前年比で一一・五％下落しており、価格上昇率ランキングでは主要一〇〇都市中九九位に転落するなど、政治リスクに翻弄されている。

（3）若く勢いのあるウーマン・リッチ

†カイリー・ジェンナーが更新したビル・ゲイツの最年少ビリオネア記録

二〇一九年、フォーブスのビリオネア登録の最年少記録を、ひとりの女性が塗り替えた。それまでの最年少はフェイスブック創業者のマーク・ザッカーバーグの二三歳だったが、二〇一九年に米国のカイリー・ジェンナーは二一歳で番付に名を連ね、二〇年もビリオネアの地位を維持していた。ジェンナーはまさにウーマン・リッチの時代を象徴している。

カイリー・ジェンナーは人気リアリティ番組『カーダシアン家のお騒がせセレブライフ』に出演しているテレビ・タレントで、ファッションモデルでもある。一九歳の時に化粧品ブランド「カイリー・コスメティクス」を立ち上げ、主にオンラインで化粧品を販売していたが、化粧品小売り大手のアルタ・サロン・コスメティックス＆フレグランスと独

カイリー・ジェンナー

占販売契約を結び、一〇〇〇軒を超える店舗で販売されたことで、売り上げが激増。会社の価値は九億ドルを超え、ジェンナーの個人資産は一〇億ドルを突破した。

　ジェンナーはロサンゼルスの高級住宅街ホルムビー・ヒルズに購入価格三五〇〇万ドルを超えるともいわれる、プール、テニスコートを備える広さ一七八八平方メートルの豪邸に住んでいる。インスタグラムで一億八〇〇〇万人ものフォロワーがいるインフルエンサーでもあり、自ら発信しているＳＮＳを通してそのセレブな生活ぶりの一端を垣間見ることができる。

　女性のビリオネアをみると、相続で富を築いた人が多い。二〇二〇年に世界で最も裕福な女性はアリス・ウォルトンで、ウォルマート創業者であるサム・ウォルトンの娘である。

保有資産は五四四億ドルで、世界で九番目の金持ちである。

次いで資産が多いのはフランスの大手化粧品メーカー、ロレアルのフランソワ・ベタンクール・マイヤーズの四八九億ドルで、順位は一五位につけている。こちらはロレアルの創業者の孫である。

世界順位で一八位につけているのはジュリア・コックで、保有資産は三八二億ドル。米国有数の資産家であるコック兄弟のデイヴィッド・コックの死去に伴い、妻のジュリアが遺産を相続した。

ほかにジェフ・ベゾスと離婚して、事実上の慰謝料としてアマゾン株の四%を手にしたマッケンジー・ベゾスや、アップルの共同設立者のスティーブ・ジョブズの妻で、遺産を相続し、いまもアップルの大株主であるローレン・パウエル・ジョブズなどが、相続などをベースに富を築いた女性資産家の代表格だ。

†セルフ・メイドでは中国女性が躍進

相続でなく、自ら稼いで上り詰めた富豪はセルフ・メイド(自作)と呼ばれているが、セルフ・メイドの女性ビリオネアは、中国で目立っている。

代表的な女性は不動産開発の「竜湖集団（ロンフォ・グループ）」の董事会《とうじ》（取締役会）主席の呉亜軍（ウー・ヤジュン）である。九三年に重慶で元夫の蔡奎（ツァイ・クイ）と竜湖集団を設立し、離婚後も同社を率い、中国で七〇〇を超えるプロジェクトを抱える一大不動産開発会社に育て上げた。

中国を代表する電子部品の分野では、タッチパネルなどを手掛ける技術企業、「藍思科技（レンズ・テクノロジー）」の董事長、周群飛（チョウ・チュンフェイ）が知られている。湖南の貧しい家庭に生まれ、生活のために深圳に移り、大学の夜学でコンピューターなどを学んだ。立ち上げた藍思科技はそのタッチパネルの技術を武器にスマートフォン拡大の流れに乗り、深圳上場を果たしている。

近年、中国が力をつけているヘルスケアの分野では「翰森製薬（ハンソー・ファーマシューティカル）」の最高経営責任者の鐘慧娟（ジョン・フイジュエン）がいる。夫の孫飄揚（スン・ピャオヤン）が中国を代表する医薬品会社、江蘇恒瑞医薬（ジャンスー・ハンルイ・メディシン）グループの会長だが、自らも九五年に「江蘇豪森医薬」を創業。研究開発主導の製薬会社として発展させ、二〇一九年に翰森製薬グループという名称で香港上場を果たした。

中国の経済運営についてはさまざまな見方があるが、女性が活躍して、その成果をあげられるという点においては世界でも群を抜いている。ビリオネアが少ないうえ、女性は相続で富を得た一人だけという日本とはずいぶん異なっている。

女性の活躍が著しい米国で、セルフ・メイドのビリオネアトップはダイアン・ヘンドリックスである。建設材料卸のABCサプライのオーナーで、保有する富は六九億ドル。一九八二年に夫のケン・ヘンドリックスと共同でウィスコンシン州ベロイトにABCサプライを創業。屋根材や、ビルの窓、雨どいなどを手掛け、現在、米国で最大の屋根とビニールサイディング（保護材）の卸売業者になっている。

有力企業の女性経営者として著名なのはメグ・ホイットマンだ。プリンストン大学を出た後、ハーバード・ビジネス・スクールで経営学修士（MBA）を取得。プロクター・アンド・ギャンブルやウォルト・ディズニー・カンパニーなどで経験を積んだ後、eベイの最高経営責任者に就任し、同社を有力インターネット・オークション会社に育てた。二〇一一年にヒューレット・パッカードの最高経営責任者につき、エンドユーザー向けHPとサーバーを扱うヒューレット・パッカード・エンタープライズに分割する大改革をてがけた。

エンターテイメント部門も富裕層を数多く輩出している。もっとも稼いでいるのは二〇年以上もトーク番組「オプラ・ウィンフリー・ショー」の司会を務めるオプラ・ゲイル・ウィンフリーで、保有する富は二五億ドルのビリオネアだ。実力のある芸術家は軒並みミリオネアで、音楽の分野ではマドンナの資産が五億ドルを、セリーヌ・ディオンが四億ドルを超えている。

フォーブスによると、ジェンナーのような女性ビリオネアは二〇一〇年の八九人から、二〇二〇年は二四四人に一〇年で二・五倍になっている。ビリオネアに占める女性比率はまだ一一・六％だが、今後も増加が見込まれる。女性富裕層が主に活躍するのは、分野としては急成長するＩＴなどのほか、消費や小売りが多い。地域ではアジアが急増しており、アジアでは女性ビリオネアの半分以上がセルフ・メイドであることが特筆される。

†主張を始めた女性富裕層ネットワーク、ウエルシーハー

増加するリッチ・ウーマンは、自己主張を始めている。相続だけでなく、セルフ・メイドで豊かになる女性が増えるにつれて、彼女たちが成功するまでに障害となってきたよう

な男性主体の価値観の変更を求める声を強めている。

二〇一九年三月、英国のマーケティング・エージェンシーであるチェリー・ロンドンのCEO、タマラ・ジュリアンと、エクスペディア・グループでインクルージョン&ダイバーシティ部門のグローバルヘッドを務めるローレン・フォン・スタッケルバーグが、「ウエルシーハー・ネットワーク」を立ち上げた。富裕層ビジネスが、男性の視点で運営されることに違和感を覚え、お金持ちの世界に女性の目線を入れていくという活動だ。

ネットワークには創設パートナーとしてバークレイズ・プライベート・バンク、ブルーイン・ドルフィン、HSBCプライベート・バンキング、インベステック・プライベート・バンク、JPモルガン、ブラウン・アドバイザリー、C5キャピタル、チュッブ、クローズ・ブラザーズ、ジュリアスベアが名を連ねた。世界の有力プライベート・バンクを巻き込み、お金持ちの世界に新風を吹き込もうとしている。

ウエルシーハー・ネットワークが実施した調査によると、女性の富裕層のお金に対する考え方は、男性のそれとかなり異なるという。例えば、富自体を主要な目的とする人の比率は男性の場合四八%だが、女性は三五%にとどまる。女性が富を求める理由として、八三%が家族のためとしている。富を最大化するためにリスクを取る人の比率は男性では三八%に上るのに対し、女性は二〇%にとどまる。女性の富裕層の一〇人に一人は富裕と感じるには少なくとも五〇〇万ポンド（約六二〇万ドル）が必要としている。

そのうえで、プライベート・バンクに対して、「専門用語を使わないで、よりオープンで、近づきやすい対応を取るべきだ」、「より個人の事情に合わせたサービスが必要だ」、「業界において女性の役割を高めるべきだ」、などと提言している。

このウエルシーハー・ネットワークは二〇二〇年に、アジアでの活動を始めた。まずアジアの女性投資家のニーズや属性の調査に取りかかっている。タマラ・ジュリアンは「香港とシンガポールで金融セクターと組んで、金融ビジネスで性差別をなくすことの利点を訴え、女性の力になりたい」と強調している。

アジアでは依然として女性蔑視的な考え方が根強く残っている。この地域の女性起業家が資金調達する際に、三人に一人がジェンダー・バイアス（性差による偏見）を感じているとの調査結果もある。リッチ・ウーマンがどうアジアを変えていくのかに注目が集まっている。

（4）新しい価値観を持つミレニアル・リッチ

†恵まれない世代―ミレニアル―の台頭、世代交代で団塊世代から相続する巨額資産

富裕層の世代交代が起きようとしている。米国では戦後生まれはベビー・ブーマーと呼ばれてきた。四六年から六四年までに生まれた世代で、二〇二〇年時点で五五歳から七四歳までであり、この年代層が戦後、米国の躍進を牽引してきた。その次の世代はジェネレーションXと呼ばれる六五年から八〇年生まれで、現在まさに働き盛りである。さらに下の世代は八一年から九五年に生まれたジェネレーションYと呼ばれる。新しい一〇〇〇年紀である二〇〇〇年以降に社会に出る世代という意味で、ミレニアル世代とも呼ばれている。

世代の人口構成を見ると、ベビーブーマー世代が七五〇〇万人を上回って推移してきた。

ジェネレーションXは六六〇〇万人程度だが、ミレニアル世代は七五〇〇万人を上回り、二〇一〇年代半ばに高齢化で人口が減り始めたベビーブーマー世代を抜いて、人口で見ると最大勢力となった。

富裕層という視点で見ると、ベビーブーマー世代が圧倒的な勢力を形成している。彼らは米国の発展期に働いてきた人たちであり、しかも、その大半の時代において米国の株価や地価が上昇した。その結果、彼らは巨額の資産をため込み、この世代の金融資産は一三兆ドルとも言われている。

一方、ミレニアル世代は人口が多いのだが、あまり恵まれた世代だとは認識されていない。金融危機やグローバル経済のスローダウンで、雇用機会は以前ほど多くなかった。さらに教育費の高騰で、多くの大学生が教育ローンを抱えて世の中に出てきている。そのため、この世代の富裕層の資産は、三・五兆ドル程度でしかない。

†躍動しはじめたミレニアル富裕層

ミレニアル世代の人口がベビーブーマーを上回ったこともあり、富の構造の変化が注目されている。ミレニアル層は二〇二〇年で二五歳から四〇歳で、金融機関などではマネージング・ディレクターなどが増える時期に差し掛かる。経済環境は金融危機で厳しかったが、ＧＡＦＡに代表される新しい企業が育ち、関連分野では活発な起業が続いている。

実際、富裕層の世界でも、ミレニアル世代の台頭は目を見張るものがある。代表格として、日本では八四年生まれのフェイスブックのマーク・ザッカーバーグが有名だが、ほかにもネット長者は多い。

一九九〇年生まれのアイルランドの起業家、ジョン・コリソンは、決済システム「Stripe」の共同創業者で、資産額は三二億ドル。共同創業者である兄のパトリック・コリソンの資産額も三二億ドルでビリオネアだ。

エヴァン・シュピーゲルは、モバイルアプリケーション「Snapchat」を運営する「Ｓｎａｐ」の最高経営責任者。一九九〇年生まれで保有資産は一九億ドル、夫人はファッションモデルのミランダ・カーである。

中国では八六年生まれの呉忌寒（ジハン・ウー）が著名だ。ビットコインマイニング用の集積回路チップ設計のビットメインを設立した、暗号通貨企業家。二〇二〇年のフォーブスの長者番付によると資産額は一八億ドルだが、ビットメインを巡っては内紛や上場延期も伝えられている。

女性では、前述したようにミレニアルの次の世代であるジェネレーションZのカイリー・ジェンナーが最年少ビリオネアの記録を塗り替えた。ミレニアル世代で、音楽界ではビヨンセとテーラー・スイフトが、最も富の多いマドンナを追っている。スポーツの世界では、三億ドルを超える資産を保有するテニスのセリーナ・ウイリアムズがトップに立っている。

こうした新しい潮流に乗って活躍し巨万の富を稼ぎ出すニューリッチの動きに加えて、今後、引退や死亡が増えてくるベビーブーマー層から富の移転が始まると見られている。事業主の引退であれば、子息への事業承継や、死亡すれば相続が発生する。

ベビーブーマー世代からの富の移転は、不動産などすべての資産を含めると最終的には七〇兆ドル近くにのぼるとの試算もあるほどだ。その富はジェネレーションXにも流れるし、相続できない部分も含まれるため、予測は難しいが、ミレニアル世代の富裕層の富は、二〇三〇年には現在の五倍程度になるのではないかとみられている。ミレニアル・ミリオネアが、現在のベビーブーマー層の富を上回る規模の富を握ることになるのだ。

　このミレニアル・ミリオネアが注目されるのは、彼らの考え方がベビーブーマー層などと大きく異なるからである。この世代は米国では二〇〇八年のリーマン・ショックの直撃を受けており、学生時代に教育ローンを抱えるなど経済的な厳しさを経験している。その結果、結婚や子供の誕生などが遅くなり、それ以前の世代より家族へのこだわりが少ない。失業率が高い時代を経験しているため、転職への抵抗は前の世代より小さいと言われている。

　また、この世代は小さいころからIT時代になっており、パソコンやスマートフォンに接し、SNSを活用してきた。金融からショッピングまでオンラインしか使わないという人も多い。

　テレビ世代のベビーブーマーに比べ、三倍ビデオを見ている。子どものころから何か知りたいことがあれば、人に聞くのではなく、まずネットで検索する。テレビなどの広告より、ネットのインフルエンサーを信用する。

　ベビーブーマー世代ほど物欲は強くなく、マイカー、マイホームへのこだわりも少ない。

カーシェア、古着ファッション、コワーキングスペースなどへの抵抗が小さい。

物よりも自らの体験を重視する。購買行動では豪華さよりも、実用性、信頼性が重視され、食事では有機食品を好む。豪華さを競う海外旅行、パック旅行ではなく、国内や地方でも忘れ難い経験やインスタ映えする風景を重視する。豪華な買い物やグルメだけではなく、伝統的な祭りへの参加などそこでしかできない体験が志向される。健康や環境への関心も高い。ヨガやフィットネスに力を入れ、省エネや環境に配慮して生活する。

そうした世代が富裕層の主流を担う時代が、早晩到来することになる。

ブランドの主要な買い手は富裕層だったが、ミレニアル富裕層はブランドにこだわらない人が少なくない。環境配慮、多様性の重視などの価値観を前面に打ち出している作り手が好まれる。

富裕層は従来、プライベート・バンカーから情報を仕入れ投資することが多かったが、ミレニアル富裕層はヒューマンタッチのサービスより、洗練されたネットからの情報を信用しがちだ。

世代交代とともに、富裕層の生活や行動様式にも変化の波が訪れるだろう。

もうひとつ見逃せないのが、中国のミレニアル世代の動向だ。この世代は四億人を超える人口を抱え、米国のミレニアル世代の六倍の規模になっている。

米国のミレニアル世代は金融危機など厳しさを経験したが、中国は天安門事件で影響を受けた後、高度成長が続いたため、基本的に好景気のもとで育ってきた。その上の層は文化大革命など厳しい時代を経験しており、まったく育った環境が異なっている。

一人っ子政策がとられていたため、親がとても大事に育てた。親の持ち家を利用できるため、住宅負担は抑えられ、収入の大半を自由に使えるという環境下で育っている。米国の恵まれないミレニアル世代とは対照的だ。

共通しているのは、ネット世代である点である。ブログサイトの新浪微博（Weibo）や、テンセントが運営する微信（WeChat）などを頻繁に利用し、そこから多大な影響を受けている。一人っ子であるだけに、ネットにつながりを求める傾向が強いとみられている。

それまでの世代は豊かになるために一生懸命働いて貯蓄することを重視し、富裕層はその手段として金などの保有に走った。それに対しミレニアルは、ネットなどを利用してより効率的に利益をあげることに関心が高い。

米国のミレニアル同様に物欲はあまり強くなく、ブランド物への関心も上の世代より低い。健康への関心が高いほか、旅行などでは体験を重視する点も米国と似ている。

中国の富裕層は物欲が強く、世界中でブランドや不動産を購入しまくった。それは彼らが長く苦しい時代を経た後に見つけた豊かさを象徴する世界だった。しかし、次の世代は中国の急成長の中で旧世代とはあまりにも違う豊かな環境で育っており、その行動は一気に先進国の同世代に近いものになりつつある。彼らが中国の富裕層の主流を形成し始めると、世界の富裕層ワールドも様変わりする可能性がある。

†ミレニアルの環境志向

ミレニアル世代に共通するのは地球環境への配慮である。彼らの親の世代が環境を犠牲にしてまで高い成長を追い求めたのに対して、ミレニアルには自分たちが大気汚染をはじめ環境破壊の犠牲になっているとの考え方が根強い。

そのため富裕層の行動でも、環境配慮が目立ち始めている。中国の若い富裕層は、そのブランドが環境に配慮しているかどうかが購入の判断基準になっている。

ファッション・ブランドの方でも、環境配慮の動きが急ピッチに進んでいる。例えばフィンランドのマリメッコは、環境負荷に配慮したモノづくりを打ち出している。そうした流れはエシカル・ファッションといわれ、北欧から欧州全体へと広がりつつある。

グルメの世界でも、環境重視の流れは顕著だ。近年、世界の富裕層を引き付ける高級料理界をリードしているのは〇三年にコペンハーゲンに開店した「ノーマ」である。料理人としてテレビなどでも活躍していたクラウス・マイヤーと、カタルーニャの有名店、エル・ブジでも働いたことのある料理人レネ・レゼピが創業した。

店は、一九世紀に干し魚やニシンなどが保管された倉庫だった北大西洋ハウスにある。提供されるのは北欧料理で、狩猟文化の伝統を重んじ、スカンディナビア半島で採れた食材しか使わない。アリやハチなど昆虫を利用する料理も出される。

特徴は料理の質だけでなく、そのコンセプトにもある。レネ・レゼピも加わって作製した新北欧料理マニフェストを、全面的に採用した。マニフェストは、以下の一〇項目を定めている。

1　純粋さ、新鮮さ、シンプルさ、そして倫理観を表現する
2　季節の移り変わりを食に反映する
3　北欧の気候、土地、そして水が生み出す素材を基礎にする
4　健康とウェルビーイングのための知見と美味しさを両立する

5　北欧の生産者とその根底にある文化を広める
6　動物や海、農地、土地における健全な生産に配慮する
7　伝統的な北欧料理の新たな可能性を探る
8　外国からの刺激を、北欧料理の伝統に組み合わせる
9　質の高い作物による地域の自給自足をめざす
10　料理人や農家、漁師、卸売小売業者、研究者、教師、政治家、行政が力を合わせ北欧諸国の人々の利益に貢献する

提供するのはこのコンセプトに合う、北欧の地産地消的な料理といえる。ただ料理の質は極めて高く、結果的に、欧州の富裕層が美味を求めて集まっており、エル・ブジ閉店後は世界で最も予約が取りにくいレストランと言われている。

なお「ノーマ」は二〇一八年東京・飯田橋に姉妹店になる「ＩＮＵＡ」を開いた。レネ・レゼピが日本を訪れた際に、地方を回り、その食材が気に入ったため、日本の食材をベースに、「ノーマ」のコンセプトを取り入れて、「ＩＮＵＡ」でしか食べられない料理を出している。「ノーマ」の姉妹店と知って、わざわざ海外から訪れる顧客も多い。

富裕層の地球環境問題など世界の潮流への関心が、世界のグルメの在り方にも影響を及ぼそうとしている。

第三章

作られる新貴族文化

(1) 富裕層は、どんな日常を送っているのか

†多様化する日常　加州では普通の会社員生活、目立たないように質素に暮らすスイスの投資家

お金持ちは華美さ、豪華さを競う人たちとみられがちだ。代表格が米国の大統領、ドナルド・トランプだろう。大統領選を戦う際の選挙演説に、自家用の飛行機を使っていた。自宅は自らが開発に携わったニューヨーク五番街にたつトランプタワーのペントハウス。その価値はやや誇張されている可能性はあるが一億ドルともいわれる。ゴールド尽くしの応接室で、大統領就任前にも拘わらず早期会談を懇願した日本の首相、安倍晋三を迎えたことが話題になった。

トランプタワーに住んだことのあるのはビル・ゲイツ、マイケル・ジャクソン、スティーブン・スピルバーグなどセレブの面々だ。米国では才能を発揮したり、人一倍努力した

演説するトランプ大統領

りして、大金持ちになることは「アメリカン・ドリーム」とされてきた。華美な生活はその象徴で、貧しい人でも努力すれば成り上がることができるという、機会が平等な社会の勝者とみなされてきた。

リーマン・ブラザーズの破綻（二〇〇八年）を受けて、アメリカン・ドリームへの見方が揺らいだことがある。貧しい人に資金を貸し付けて巨額の利益を稼ぐサブプライムローン（信用力の低い個人向け住宅融資）商法が破綻し、経営者が巨額の報酬を手にしていた金融機関に公的資金が投入された。金融機関が巨大化し、潰すと影響が大き過ぎる規模になっていたためだが、その後、そうした政策への抗議運動である「ウォール街占拠運動」

で経営責任を取らないアメリカン・ドリームのいかがわしさが問われた。しかし、その金満体質は改まらず、富豪のトランプが二〇一六年の選挙で大統領の座を射止めた。

その一方で、ジーンズにポロシャツで会社に通うミリオネアが多いのも米国である。英国放送協会（BBC）が二〇一八年夏に、米住宅都市開発省がサンフランシスコ市とサンマテオ、マリン両郡で一一万七四〇〇ドルの年収がある四人家族を「低所得」に分類し、七万三三〇〇ドルの場合は「非常に低い所得」にしている衝撃の報告書（ライアン・ナン、ジュイ・シャンボー）を放送した。

低所得者の定義は、収入が同じ地域に住む同じ人数の家庭が得ている収入の中央値の八割以下で、高い収入の多い人が住む地区の基準が高くなる。日本でいえば年収で一一万ドル（一二〇〇万円）の人は比較的豊かとみられるが、サンフランシスコでは低所得に区分されるほど、地域全体としてみれば豊かな人が多いことの証でもある。

サンフランシスコには大学で修士を取ったソフトウエア開発者、エンジニアなどが多く住んでおり、彼らの年収は三〇歳代で軽く三〇万ドルを超える。ここに住む人の年収は全米平均より四五％も高いが、一般的な生活費は家賃高騰の影響で二五％程度高いこともあ

グランドハイアット・カンヌホテル・マルチネス

り、カジュアルな生活スタイルのミリオネアが多いと言われている。

欧州でも富裕層の生活は多様だ。バカンスの過ごし方を見ると、華美さを求める人たちはカンヌなどコート・ダジュールのリゾートを好む。海岸沿いにあるクロワゼット通りに面したグランドハイアット・カンヌホテル・マルチネスにフェラーリで乗り付け、着飾って有名レストラン「ラ　パルム　ドール」でディナーを楽しむような人々だ。

このホテルは映画祭にテレビチャンネルのカナル・プリュスが特設スタジオを設けるなど、マスコミのお金持ちウォッチングの拠点でもある。そうした視線にさらされることをいとわない、豪華さを競うミリオネアの集積場所と言える。

ただ欧州でも、目立つことを好まない富裕層は少なくない。例えばスイスにはミリオネアが多い。人口が八五〇万人しかいないのに、非金融資産も含む保有資産が一〇〇万ドルを超えるミリオネアが八一万人いる。一一人にひとりがミリオネアで、その密度は日本の四倍以上。一人当たりのGDPが八万三〇〇〇ドルと、日本（三万九〇〇〇ドル）の倍以上もあることが背景にある。

しかしスイスのお金持ちは、その保有資産の多さに比べて質素な生活を送っている。山岳地帯という恵まれない土地柄だけに、質素に暮らして、せっせとお金を貯めるのが美徳という価値観が醸成された。派手な格好をしたり、華美な生活を送ったりすれば、税務当局や強盗のターゲットになりかねないとの意識も強い。

住宅も、米国にみられるような豪邸は少なく、古くからの住宅を手入れして住む人が多い。筆者がスイス駐在でチューリヒに住んでいた時に、富裕層の銀行家の自宅に招かれたことがあった。訪れると、外見は質素に見えるが、中に入ると年代物の立派な家具が据え付けられていたり、高級絵画が飾られていたりした。目立たないように楽しむスタイルである。

目立たない豪華な過ごし方は、バカンスでも発揮される。スイス中部にビュルゲンシュトックがある。フィアヴァルトシュテッテ湖（ルツェルン湖）に面した山の上に、ひっそり佇む超高級リゾートである。観光都市ルツェルンから船にのり、船着場からケーブルカーで行き着いた先にセレブ御用達の五つ星ホテルがある。

目立たず最高級のリゾート生活を送れるため、西ドイツ首相のアデナウアーなど古くから有名人が愛用してきた。このリゾートのパラスホテルでは、欧米で世界的に影響力がある政治家や王族、有力金融機関や財団のトップが集うビルダーバーグ会議が何度も開かれている。

†平均的な欧州お金持ちの歳時記、夏場はリゾートで一流音楽、F1モナコ、アメリカズ・カップに関心

生活スタイルは多様で、人それぞれではあるが、お金持ちは何に関心があるのか興味のあるところだ。一九九〇年代初めに投資家を中心に何人かの欧州の富裕層に聞いてみたところ、関心を寄せる事項はかなり共通していた。関心事項をならべると、お金持ち版歳時記のようなものが浮かび上がる。

一月　ダボス会議（世界経済フォーラム）
三月　パリ・コレクション
四月頃　バラの舞踏会（ル・バル・ドゥ・ラ・ローズ）モナコ
五月　F1モナコ・グランプリ
　　　カンヌ映画祭
六月　アート・バーゼル
七月　ザルツブルク音楽祭
九月　モナコ・ヨットショー
一〇月　パリ・コレクション

政治経済動向では、一月下旬に開かれる世界経済フォーラムのダボス会議への関心が高い。資産の保全や投資先を考えるにあたって、情勢の把握は欠かせないためだ。ダボスの場合、旬のテーマを巡ってどういう議論が交わされているかがわかるため、日本でも注目度が高い。

ダボス会議は世界の指導者たちが集まると言われるが、政治家などスピーカーの議論を聞く聴衆は、年会費を払っているメンバー企業約一二〇〇社の役員たち。参加費（年会費とは別）は二万五〇〇〇スイスフラン（約二八五万円）と高額だ。富裕層の祭典のような側面があるため、近年は反ダボス会議のデモが開かれることも少なくない。

筆者はこのダボス会議には一九九一年から九三年の会議まで、深くかかわった。当時は東西ドイツ統合、イラクによるクウェート侵攻、ソビエト連邦の崩壊、マーストリヒト条約締結と、戦後世界の枠組みの激変期でもあり、ネルソン・マンデラ、李鵬《りほう》など時の人となった各国首脳や著名人の記者会見を駆けずり回った。

ただ、より印象的だったのは、会議の後半に開かれる、ヘルスケア、食品、金融など一〇の業界について設けられた分科会的な会合で、首脳や学者、企業経営者などが経済や産業の行方について活発に議論している姿だった。当時の富裕層の代表格であるネスレやクレディ・スイスといった世界的な企業の幹部が、あちこちで新進の若い学者や、東欧から参加した閣僚と激論を交わしている。激変期だけに幅広い人々から、分野や肩書にとらわれず、極力多くの情報を得て、戦略を練っていこうという貪欲さが強く感じられた。

残念だったのは、そうした場での日本の存在感のなさだった。日本の企業はまだバブル期の余勢があって、一流と思われていたが、世界情勢の行方などを議論できる経営者は、当時ダボス会議の共同議長を務めていたソニー創業者の盛田昭夫などごく一部だけ。財界団体が募って参加する人たちは、物見遊山の域を出ず、会議で発言する人はおらず、世界をリードする富裕層のレベルについていけていない印象だった。

政治経済の指導層に近い富裕層のあいだでは、初夏に開かれることの多いビルダーバーグ会議も注目される。五四年から欧米の政治経済の指導者たちが集まり、重要テーマを議論する。テーマは公表するが、議論の中身は公開されない。

米国の富裕層が、ダボスと同じような目的で注目しているのが春にＴＥＤ（Technology Entertainment Design）がバンクーバーで開く会議だ。九〇年から毎年、新しいトレンドなどについてゲストが講演しており、二〇一九年には睡眠を研究するマット・ウォーカーなどが招かれた。九月に開かれる国連総会も、国際政治を知る手掛かりになるという。

富裕層が求めているのはプライベート・バンカーなどから提供される多くの情報の正確さなどの判定に資する指針で、それを得る手がかりになる会議への関心が高いようだ。

ファッションや文化への関心が高いのも特徴だ。春先に開かれてきたバーゼル・フェアは欧州最大の時計宝飾見本市で、自らの身を飾ったり、投資用に購入したりする時計や宝石の品定めをする場になっている。同じバーゼルで開かれるアート・バーゼルは世界最大級の美術品展であり、現代美術の購入目的で訪れる人が多い。アートに関してはヴェネチア・ビエンナーレも重視されている。

音楽、映画などの文化イベントも注目の的となる。代表的なのが五月に開くカンヌ映画祭で、海岸沿いのレストランは俳優と富裕層で埋め尽くされる。米国の富裕層は、二月のアカデミー賞への関心が高い。

夏場のフェスティバルも人気がある。七月開催のスイスのモントルー・ジャズ・フェスティバル、オーストリアのザルツブルク音楽祭、八月開催の英国のエディンバラ国際フェスティバルなどリゾート地で開かれる一流の音楽祭を楽しむというのが、一種のステータス・シンボルになっている。

女性富裕層が注目するのは三月と一〇月に開かれるパリ・コレクションで、毎年、有力メゾンの最先端が話題になる。米国の富裕層は、二月と九月のニューヨーク・ファッションウイークへの関心が高い。

スポーツへも大きな関心が向けられている。プライベート・バンクが実施する富裕層の好むスポーツ調査ではゴルフ、アメリカンフットボール、スキー、バスケットボール、野球などが挙がるが、それは調査対象に占める米国人が多いためだ。

欧州では、六月のウィンブルドンで開かれるテニスの全英オープンが有名だ。競馬も人気で、六月のロイヤルアスコットと、一〇月の凱旋門賞が好まれる。

サッカーへの関心はとりわけ高く、FIFAのワールドカップやUEFAのチャンピオンズリーグの決勝戦には、出場国の王室や国の指導者も観戦する。決勝戦の何十万円もするチケットの購入は、富裕層が占めている。

比較的資産が多い富裕層には自動車好きが少なくない。レーシングカーが公道を走る五月のF1モナコ・グランプリや、イタリアのコモでのコンコルソ・デレガンツァ・ヴィラデステ（クラシックカー・コンクール）は注目の的になっている。

富裕層がバカンスを過ごす際に利用することが多いヨットには特別な関心を持っており、とりわけアメリカズ・カップは注目される。

†共通の関心は末代の繁栄狙う教育投資

多くの富裕層が保有資産と同じくらい力を入れるのが、子弟教育である。富や、その富を生み出した事業を次の世代に引き継いでいくために、富を増やしたり、事業を拡大したりできる優秀な子弟がいなくてはならない。ため込んだ何億ドルもの資産は一代で使いきれるわけではなく、ファミリーの末代の繁栄が目標になる。

富裕層のあいだで子弟教育の場として世界的に人気が高かったのは英国のパブリック・スクールである。パブリックの意味は公立ではなく、一般に開かれたという意味で、私立の中等教育校である。

中世から近世にかけて、貴族は教師を雇い子弟教育をしていたが、一般人の富裕階級が形成され開かれた学校が設けられた。最も古いのは英国ハンプシャー州のウィンチェスター・カレッジで、一三八二年創設である。

とりわけセレブが集うと有名なのは、英国のバークシャー州イートンにあるイートン・カレッジである。一四四〇年、ヘンリー六世が創立した名門で、広い敷地内には歴史のある校舎のほか、礼拝堂や博物館もある。一三歳から一八歳まで学ぶので、日本でいえば中高一貫の男子校に相当する。年間の授業料はおよそ五万ドルで、そのほかに寄宿料がかかる。

ケンブリッジ公ウイリアム王子、経済学者のジョン・メイナード・ケインズ、銀行家のモンタギュー・ノーマン、首相のボリス・ジョンソンなど、中世から現代にいたるまでさまざまな人材を輩出してきた。

教育水準が高くケンブリッジなど有名大学への進学者が多いことから、海外の富裕層のあいだで人気は高いが、入学はかなり難しく、パブリック・スクールに入るため、八歳くらいからプレパラトリー・スクールに通うことが多い。

英国と並び、富裕層が子弟教育に利用する教育機関が多いのはスイスである。英国の場合、米国の同盟国で、旧東側や、米国と対立する国の指導者などは教育を受けさせにくい面がある。それに対し、スイスは古くから西側と東側の接点の役割をかってでていただけに、中立に対する信頼性が高いとされる。そのためたとえ独裁者の子弟でも、それぞれの国の事情に左右されず教育を受けさせることができる。富裕層はスイスに銀行口座を保有していることも多く、それを仲介するプライベート・バンカーが子弟教育のため名門校を紹介する伝統も背景にある。

「中立のスイス」を象徴する例としてよく引き合いに出されるのは、北朝鮮の金正恩《キム・ジョンウン》である。一九九六年に留学し、ベルン郊外にあるベルン・インタナショナル・スクールを経

アンスティチュート・ル・ロゼ

て、ベルンの公立中学で学んでいた。

このように、スイスはアジアやアフリカなどの独裁色の強い国のトップの子弟教育に利用されることも少なくない。そうした人々はスイスの教育施設で英語やドイツ語などで教育を受け、世界の富裕層とのパイプを築いていくことになる。

スイスで名門とされるのは、ボーディングスクール（寄宿学校）のアンスティチュート・ル・ロゼである。一八八〇年設立で、春から秋にかけてはレマン湖畔にあるデュ・ロゼ城をキャンパスとして利用、冬場はスキー・リゾートのグシュタードにキャンパスを移す。

八歳から一八歳までの子女を対象にしており、日本での小学校、中学、高校のすべてをカバーしている。在校生は四〇〇人程度で、一クラス数人の徹底した少人数教育を実施している。英語とフランス語の両方で授業を受け、高学年になると国際バカロレアやフランスの大学入学資格の取得を目指す。

授業料や寄宿料などで、年間一三万ドル程度かかると言われている。モナコのレーニエ三世、ベルギーのアルベール二世などが、この寄宿学校で教育を受けている。

スイスでアンスティチュート・ル・ロゼと双璧をなすのが、北東部のザンクトガレンにある一八八九年創設のボーディングスクール、インスティチュート・アウフ・デン・ローゼンベルクである。

このスクールは六歳から生徒を受け入れ、高校までずっと在学することも可能になっている。ジュニアには専門のスタッフがついて、マナーなどが指導される。ハイソサイエティの伝統を重んじ、状況に応じた服装の定め、給仕係がサーブする食事、フォーマルな舞踏会などの文化を習得していく。生徒は二六〇人以下に抑え、少人数教育を徹底している。

生徒の大半が二カ国語を話し、半分以上が三カ国語を話す。ドイツ、スイス、英国、イタリア、米国の高等教育資格を取得するコースを設けている。授業料と宿泊料などを合わせた支出は年一五万ドル以上と見られ、世界で最も高額の寄宿学校と言われることもある。

富裕層の子弟のうち女子については、大学入学やバカロレア取得をめざすのではなく、独特のマナーを身につけるべきだとの考え方があった。そうした需要にこたえてきたのが、フィニシング・スクールと呼ばれている教育機関だ。

もともと欧州では貴族やブルジョアなどの子女は、家庭教師をつけ、教養、マナー、衣装などに関する知識を教えられていた。その後、子女を寄宿学校に通わせる風潮が強まり、主にスイスで貴族や富裕層の未婚子女を対象に結婚までの間に礼儀や教養を教える機関が設立された。中立国の治安の良さが女性教育に適していると見られたためで、社交界デビューを目指して、準備する富裕層女性が集う場にもなった。

当初はスイス周辺の独仏伊などから富裕層の子女が集まったが、名声が高まるとともに米国や中東の資産家などの利用も増えていく。ただ女性の社会進出が活発になるのに伴って生徒が少なくなり、撤退したり、業態転換したりするスクールが相次ぎ、現在では伝統的なフィニシング・スクール教育を実施しているのはごくわずかとなった。

もっとも有名なのはモントルーのグリオン地区にあるアンスティチュート・ヴィラ・ピエールフー。一九五四年に創業され、英語、フランス語など語学のほか、料理、国際エチケットなどを学ぶ。また社交ダンスや乗馬など富裕層が好む趣味に対応したカリキュラムも設けている。学費は六週間コースで三万スイスフランと高額だが、富裕層の人気は高い。

結婚前のダイアナ妃が通っていたことでも知られている。

(2) 衣食住の新展開　ビジネス化する「みせびらかし文化」

五〇〇〇万人にも迫るミリオネアの規模と、その可処分所得の大きさは、新しい市場を生み出そうとしている。かつてニッチ・ビジネスだった富裕層ビジネスは、有力なビジネスへと変貌しつつある。その担い手は家族経営から、巨大企業に代わり、資本の論理が持ち込まれた。富裕層向けのマーケティングが強化され、かつてはベールに包まれていた富裕層の世界が多くの人の目にさらされるようになった。というより、多くの人に見せびらかして、次の富裕層を取り込もうとする戦略だ。ミリオネアの急増が、あらたなラグジュアリー文化を生み出そうとしている。

① 衣

寡占化進むファッション、LVMHが作り出したラグジュアリー文化

・ノートルダムの寄付競争

着飾ることは、かつて富裕な王侯貴族の特権だった。それが産業資本家のものになり、さらに豊かな市民へと広がっていく。パリのフォーブル・サントノレやニューヨークの五番街は、富裕層を飾るファッションのショーウインドーと化している。実は、そのファッション・ビジネスはごく一部の超富裕層が牛耳る時代を迎えようとしている。

欧州は古くから階層社会である。庶民がその頂点にいる超富裕層にお目にかかることはまずないが、彼らの動向がテレビで連日伝えられる事件が、二〇一九年四月に起きた。四月一五日にパリを流れるセーヌ川のシテ島にあるノートルダム大聖堂で大規模な火災が起き、人々が悲嘆にくれるなか、再建に寄付が集まりだす。

その際、目立ったのはファッションの支配者たちだった。火事が起きた当日、ファッション業界大手「ケリング」の会長兼最高経営責任者（CEO）フランソワ・アンリ・ピノーは、父親のフランソワ・ピノーと共同で、持株会社のアルテミスから再建に一億ユーロ

焼けたパリのノートルダム大聖堂

を寄付すると表明した。

それに対抗するかのように、ファッション大手LVMHの会長ベルナール・アルノーが二億ユーロの寄付を表明した。また化粧品大手の仏ロレアルと、その筆頭株主であるベタンクール・メイヤー一族は一億ユーロ、さらに一族の慈善団体を通じて一億ユーロを追加で寄付すると発表した。

日本で二〇一一年に死者が一万五〇〇〇人を超える東日本大震災が起きたとき、震災発生から五日目までに日本経団連が会員企業一七〇社で合計約二〇〇億円の義援金提供を表明しているが、ベルナール・アルノーがノートルダムのために寄付すると表明した額はひとりでそれを上回る。普段は富裕層の世界の中でセレブ生活をしているが、「国家の有事には経済人として相応の負担は当然」という構えを示したのだ。

・富裕層を飾ったオートクチュールの時代

華麗なファッションは、そもそも王侯貴族のものだった。一九世紀半ばまで、王室や貴族はそれぞれ御用達の裁縫師を抱え、そうした人たちが宮殿行事や生活を飾るファッションを支えていた。男性はクチュリエ、女性はクチュリエールと呼ばれていたが、一九世紀半ばに王侯貴族から自立して、力をつけた資産階級(ブルジョワジー)などからの注文を受けるメゾンを設けるようになる。

先鞭をつけたのが英国生まれのシャルル・フレデリック・ウォルトで、一八六八年に、富裕層向け衣装を手掛ける高級仕立て店のフランス・クチュール組合を結成する。この組合に加盟するオートクチュールを舞台に、ジャンヌ・パキャンやココ・シャネルがベル・エポックのパリを飾った。

第二次世界大戦でメゾンの多くは閉鎖に追い込まれるが、戦後、それを象徴するような優美さを追求するクリスチャン・ディオールのニュールックといわれるファッションが流行し、オートクチュールは息を吹き返した。

・女性の社会進出が促したプレタポルテの台頭

戦後、米国が突出した経済力を維持したことを背景に、その文化が世界的な広がりを見せた。幅広い消費者に受け入れられるようなデザインが重視され、若者がファッションの先端を走る時代が幕を開けたのだ。ファッションは富裕層が生み出し、それが広がるのではなく、世の中で流行が形成され、その特徴が高級服に取り入れられるようになった。

オートクチュールのメゾンは、そうした変化に対応してプレタポルテ（高級既製服）の分野に進出する。新たな富裕層は、新しい流行を取り入れたプレタポルテを身に着けるようになる。

プレタポルテ参入の先鞭をつけたのはピエール・カルダンだったが、その流れを決定づけたのはイヴ・サンローランだった。六〇年代半ばにセーヌ左岸に「イヴ・サンローラン・リヴ・ゴーシュ」と命名したプレタポルテのブティックを開いた。パリ・ファッションの中心はフォーブル・サントノレなどセーヌ川の右岸で、左岸はカルチェラタンに象徴されるような学生の街で高級ファッションとは縁遠かったが、そこにブティックを構えたのだ。若者の街こそが流行の発信地であることを強く印象付けた。

新たに台頭したプレタポルテは、ファッションの担い手となっていく。現在、パリではオートクチュールが年二回コレクションを開くほか、プレタポルテも年二回コレクションを開いている。コレクションの規模はプレタポルテのほうが大きく、パリコレといえば一般的にはプレタポルテのコレクションを指すようになった。ミラノ、ニューヨークなどパリ以外の世界的なコレクションも、基本的にはプレタポルテのコレクションである。

・ファッション・ブランド集約の時代――ロエベなども傘下に

日本の一九八〇年代のバブル期には、東京がパリなどと並び高級ファッションの舞台になった。銀座や表参道を闊歩する女性が、グッチやディオールの衣装やバッグを身に着けていた。この時期の、そうした高級ファッションはまだそれぞれのブランドの創設者やそれを引き継ぐ後継者などがプレタポルテの形で独自経営を続けていたのだが、その後、富裕層を対象にしたファッション業界は様変わりする。

仕掛けたのはベルナール・アルノーだった。もともと不動産業に携わっていたが、ファッションに興味を持ち、当時クリスチャン・ディオールを傘下に持っていた繊維のマルセル・ブサック・グループを買収した。

ファッション界では八七年に一八五四年創業の老舗、ルイ・ヴィトンと、シャンパンやコニャックなど高級酒を扱うモエ・エ・ヘネシーが合併しLVMHを結成したが、当初は統合が円滑にいかず株価が低迷していた。その潜在力に目を付けたアルノーがマルセル・ブサック・グループを売却し、その資金でLVMH株を買い八九年に経営権を握った。そして活発なM&Aで、ファッション界のコングロマリット形成へと動き始めたのだ。

九三年には老舗高級紳士用品のベルルッティと、日本のKENZOを買収。九四年にはMITSOUKOなどで知られる香水メーカー、ゲランを買収し、高級ファッションの分野で確実に地歩を築いていった。九六年にはフランスのセリーヌをLVMHグループに取り込み、さらにスペイン王室御用達だった高級革製品メーカー、ロエベも買収する。

その後もM&A攻勢は続き、二〇一九年一一月には、LVMHが米国のティファニーを買収することで両者が合意した。買収価格は一四七億ユーロ（一六二億ドル）という、高級ブランド業界でも最大の買収となるはずだった。ベルナール・アルノーは「我々のメゾンの一員としてこの宝をさらに発展させていきたい。われわれのほかのファッション・アイコンの一つとしてティファニーが何世紀にもわたって繁栄し続けることを期待している」とまで述べていたが、二〇年になって新型コロナウィルスの感染が世界的に広がったことから、ＬＶＭＨは九月に買収断念を発表した。

ＬＶＭＨは、傘下に収めたブランドを生かしながら運営する基本方針をとっている。そのため、表向きはブランドがそれぞれ家族経営的な運営をしていた八〇年代までとあまり変わりはない。しかし資本面からみると、ＬＶＭＨによる統合が進んでいる。フォーブル・サントノレを歩くと、さまざまなブランドが並ぶが、実態はＬＶＭＨグループ企業が軒を連ねる光景が広がっているのだ。

ファッション・ブランドのグループ化の動きは、ＬＶＭＨにとどまらない。ノートルダム大聖堂の火災の際、ベルナール・アルノーと寄付額を競った「ケリング」のフランソワ・アンリ・ピノーも、仕掛け人の一人である。

フランソワ・アンリ・ピノーの父親であるフランソワ・ピノーが、レンヌに木材貿易会社であるエタブリスマン・ピノを設けたのは一九六三年。八八年にパリ証券取引所に上場のあと、百貨店のル・プランタンと、小売りのルドゥートを買収し、ピノ・プランタン・ルドゥート（ＰＰＲ）となった。

ＰＰＲは一九九九年にイタリアのファッション・ブランド、グッチの株式の四二％を取得し、ラグジュアリー・グループへと業態転換を開始。その後、活発なM&Aでファッション界の地歩を固めていくことになる。

ファッション・ハウスのイヴ・サンローランを買収したのに続き、スイスの老舗時計メーカーのジェラルド・ペルゴーやイタリアのブリオニ、高級磁器のリチャード・ジノリなども傘下に収めていった。その後、称号をケリングに変更し、フランス、イタリアの最高級ファッション・ハウスを擁する一大ファッション・コングロマリットに成長させた。


資本面からの統合が進んだブランドの、商魂のすごさを目の当たりにしたことがある。二〇二〇年二月にサウジアラビアの首都リヤドにある高さ三〇二メートルの超高層ビル、キングダムセンターを訪れた際、低層階にショッピングセンターがあった。ティファニーやヴァンクリーフ&アペールといった宝飾店などに交じって、ディオール、グッチ、エトロなどのブランドも店舗を出している。

サウジアラビアで女性は外出時に黒い衣装のアバヤの着用が義務付けられるので、販売されていたのは家の中で楽しむファッションが多いのだが、LVMHグループのジバンシィのショーウインドーをのぞいてみると、アバヤが飾ってあった。上から下まで黒一色でおしゃれの余地などないのかと思っていたら、シルクのような素材を使い、刺繡が施されている。この国は厳格なイスラム国だが、石油で潤うお金持ちの国でもあり、その富裕層の夫人のブランド志向を捕えようとしているのだ。

日本のバブル期に多くのブランドが東京に進出していたが、着物や浴衣といった民族衣装まで手掛ける例はあまり聞いたことがなかった。統合され、近代的なマーケティングの手法でパワーアップしたファッション・ブランドの一面を見たような気がした。

かつて超富裕層の王侯貴族が囲い込んでいたファッションは、いまや資本主義を勝ち抜いた超富裕層が富裕層向けビジネスとして抱え込み、そこで先端ファッションが生み出される新しい時代に入りつつある。ＬＶＭＨの株式時価総額は二〇二〇年八月半ばで二三〇〇億ドル、世界では二八位、フランスでは最大で、日本で最大のトヨタ自動車を上回っている。

†資本の論理で再編される高級時計、ハイエクが仕掛けたコングロ化

・マリー・アントワネットを飾ったブレゲ、時計のモナリザを作ったパテックフィリップ

ブランドの再編が起きたのは高級ファッションだけではない。古くから富裕層に好まれ

てきた時計の世界も大きく変わりつつある。

時を正確に知ることは政治、軍事、ビジネスに欠かせず、それを支配する時計は支配層、富裕層の象徴だった。高級時計は小さな腕時計に高度な機能を集約するハイテク機器であるとともに、宝石をちりばめた宝飾品でもある。

高級時計の歴史を切り開いてきたのが「ブレゲ」である。一八世紀にスイスのヌシャテル出身の時計職人であるアブラアム・ルイ・ブレゲが、パリに時計工房を開いた。

永久カレンダーが有名だが、自動巻きムーブメント、ゼンマイが狂うのを防ぐ仕組み、音を出すことで時間を伝える仕組みなど、時計技術を開発してきた。穴の開いた装飾を施した針や、細かい模様を彫り込んだ文字盤、時間を表示するインデックス数字に使う魅力的な書体など、「ブレゲ様式」と呼ばれる新しいデザインも生み出した。

ブレゲ様式の時計

富裕層のあいだで人気となり、フランス王妃のマリー・アントワネットや皇帝ナポレオン・ボナパルトが愛用したことが知られている。今でもブレゲの

28億円で落札された「ヘンリー・グレーブス・スーパーコンプリケーション」

アンティーク時計だけを出品するオークションが開かれることもあるほどである。

現在、欧米で世界一の高級時計ブランドと言われることが多いのがパテック フィリップである。ポーランド人のアントニ・パテックとフランチシェック・チャペックが一八三九年に移住したジュネーブで創業し、英国のヴィクトリア女王や米国のプロデューサーのウォルト・ディズニーなどの富裕層、文化人のファンを増やしていった。

このブランドの凄さを印象付けたのが一九九九年にオークションハウスのサザビーズが開いたオークションだ。イリノイ州の事業家で、世界でも屈指の時計コレクターのセス・アトウッドが出品した時計のモナリザとも呼ばれる「ヘンリー・グレーブス・スーパーコンプリケーション」が一一〇〇万ドルという時計オークション史上最高額で落札された。さらに二〇一四年、この懐中時計が再びオークションに出品され、二四四〇万ドル（約二八億円）という史上最高値で落札されたのだ。

・オメガの復讐

二〇一九年七月、東京駅前の丸の内中央広場に東京五輪開幕までの時間を示すカウントダウン時計が設置された。高さ四メートル、幅三・二メートルの巨大なもので、大会ムードを盛り上げた。表示されたオフィシャルタイムキーパー、オメガの文字は、高級時計のスイス復活を鮮烈に印象付けるものだった。

オメガは一九三二年のロサンゼルス五輪以降、たびたびオフィシャルタイムキーパーを務めてきた。その正確さとデザインで、時計はスイスの代名詞のようになっていた。

ところが、一九六四年、戦後復興を世界に印象付けるべく開かれた東京五輪で、自国開催ということもあってセイコーがオフィシャルタイムキーパーを務める。セイコーが提供したのは、当時の最先端の水晶振動子を用いたクオーツ時計だった。その後、セイコーはクオーツ時計を低価格化し、市場を席巻。五輪では夏はバルセロナ、冬は札幌、リレハンメル、長野、ソルトレークでもオフィシャルタイムキーパーを務めた。

日本メーカーの躍進は、オメガなどのブランドを展開するソシエテ・スイス・プール・ランダストリー・オーロゲール（ＳＳＩＨ）、ロンジンなどのブランドを持つアルゲマイネ・シュバイチェリッシュ・ウフレニンダストリー（ＡＳＵＡＧ）などスイス勢を苦境に追い込んでいた。その取引銀行から両社の管財相談を持ち掛けられたのが、レバノン出身で、チューリヒで経営コンサルティング会社ハイエクエンジニアリングを経営していたニコラス・ハイエクだった。

ハイエクはリストラによって両グループの再生は可能と考え、一九八三年にＡＳＵＡＧとＳＳＩＨを統合させる形で、ソシエテ・スイス・ドゥ・マイクロエレクトロニック・エ・オホロジェリー（ＳＭＨ）を創業した。

同社が送り出した「スウォッチ」は、樹脂のボディーにムーブメントを入れたシンプルなもので、価格は日本円換算で数千円。色とりどりで状況に応じて使い分けするようなコンセプトで、毎年、多くのデザインの新作を生み出した。売り方も高級感あふれるショーケースでの展示ではなく、駅や空港の展示柱に何十もの新しい時計がかけられた。チューリヒの目抜き通りの伝統的な時計店の関係者は「あれをスイス時計と言われても困る」と眉をひそめていた。

正確なクオーツ技術では優れていた日本勢だが、ファッション・メーカー顔負けのファッション性ではかなわなかった。スウォッチは一九九六年にアトランタで開いた五輪で公式計時（オフィシャルタイムキーパー）に採用され、二〇二〇年のライバルの本拠で開く東京五輪でも傘下のオメガがその地位を日本に渡さなかった。

・ハイエクが仕掛けた高級時計のコングロ化

スイスの高級時計は立て直しの過程で、大きな構造変化を遂げている。力をつけたSMHは、M&Aの手法を使って拡大路線を突き進んだ。

現在SMHはハイエクが立て直したオメガ、ロンジンのほか、伝統のブレゲ、ハリー・ウィンストンなど高級時計のほか、中級のティソット、バルマン、大衆向けのスウォッチなどと数多くの時計ブランドを保有する世界最大の時計グループにのし上がっている。

樹脂の時計に「これはスイスではない」と眉をひそめた旧勢力は、その新しいマーケッティング手法を取り入れた勢力に飲み込まれていくことになったのだ。ただハイエクはスイス伝統の時計の良さを壊すのではなく、それを生かす形でグループ傘下に旧勢力を取り込んでいき、結果的にスイスの時計産業の地位を取り戻した。

時計界でスウォッチのコングロマリット化に対抗するのが、スイスのリシュモンである。このグループは一九八八年に南アフリカのヨハン・ルパートが、レンブラント・グループからスピンオフの形で設立した。レンブラントは金・ダイヤモンド採掘、たばこ産業、高級ブランドなどを幅広く手掛けていたが、そのうち宝飾のカルティエの株式を所有しているほか、ダンヒル、モンブランなどに出資するラグジュアリー業務を切り出した。

その後、M&Aによる拡大経営にかじを切り、時計は宝飾品並みの高級時計を中心に手掛け、傘下にはカルティエのほか、ジャガー・ルクルト、ピアジェ、ヴァンクリーフ&アーペル、ヴァシュロン・コンスタンタンなどを抱えている。

一八世紀以来のスイスを中心に栄えてきた高級時計は、一九八〇年以降、資本の論理によって再編され、現在ではスウォッチ、リシュモンの両グループが多くのブランドを抱えるに至っている。この両グループに入らないのは創業者の名を冠したハンス・ウィルスドルフ財団が運営し、ブランド力が高く評価されているロレックスと、外部資本を取り入れず伝統的な家族経営を続けているオーデマピゲなどごくわずかになっている。

・揺れる富裕層の社交の場、バーゼル見本市毎年三月終わりから四月の初めにかけて、欧州や中東の富裕層がスイス・バーゼルに集う。富裕層のあかしともいえる宝飾品や高級時計の世界最大の見本市である「バーゼル・フェア」が開かれるからだ。

見本市が始まったのは一九七二年。一般の人も入場料を払えば入れることから、毎年フェアには一〇万人以上が訪れ、春先のバーゼルを飾る一大イベントになっている。

筆者は九一年に訪れたが、会場のバーゼル・メッセに入ると高級時計メーカーが設けたブースが軒を並べていた。ブースの中をのぞいてみると、宝石で飾られた邦貨換算で一〇〇〇万円を超えるような時計が売られ、買い付けに来た業者に交じって着飾った富裕層が品定めする姿があちこちで見られた。

その頃の欧州は景気が必ずしも良くなかったし、中東はイラクのクウェート侵攻で緊張が高まっていたが、そんなことは歯牙にもかけず、ひたすら豪奢を追求しようとする富裕層の性《さが》を見たような気がしたものだ。

ただこのバーゼル・フェアをめぐっては、一九九〇年代により高級路線を志向するリシュモンがジュネーブで時計サロンを開く形で時計界の分断が起きた。SMHはバーゼル・フェアを重視したこともあって、バーゼル・フェア自体の人気は維持された。

二〇〇〇年代になると中国人の高級時計購入が増え業界は拡大したが、二〇一五年ごろから中国勢の購入が頭打ちになった。バーゼル・フェアも中国人客を中心に客が減少、スウォッチ・グループはバーゼル・フェアの効果が薄れたと二〇一九年からフェアを離脱した。背景には、インターネットなど新しいツールでの時計販売が伸びていることがある。時代の変化に対応してバーゼル・フェアは二〇二〇年からジュネーブ時計サロンと時期を連続して開くことを決めたが、新型コロナウィルスの感染拡大で中止になった。今後、富裕層の時計の祭典がどうなっていくのかに注目が集まっている。

② 食

†伝統の三つ星文化が国際化

・オート・キュイジーヌからレストランへ

食は、古くから富裕層の重大関心事だった。ふんだんに食べられることが、富裕層のあかしであり、中世には王侯貴族は頻繁に宴会を開いていた。時代が下ると食事を提供するレストランが登場し、食べ物は量だけでなく質が問われる美食の時代になる。質を評価するミシュランが登場、最上級を表す三つ星レストランが富裕層を引き付けている。

美食の歴史は古い。紀元前に力を蓄え大帝国となった古代ローマでは貴族が豪華な食事をとるようになる。腹が膨れるといったん食べたものを吐いて、また新たに食事をとるといった、今考えると異様な光景が展開されていた。

一四世紀になると、力のある王族・貴族がお城で晩餐会を開くようになる。大皿に料理を盛り付け、取り分けて楽しむようになる。現在、パリの高級フランス料理店の名称となっているタイユバンは、実は一四世紀のシャルル五世の料理長の名前である。

貴族の美食文化が花開くのは一八世紀から一九世紀にかけてで、オート・キュイジーヌの時代と呼ばれている。宴では料理を飾り付ける過剰な演出が施された。この時期にフォン（出し汁）が生みだされ、それが現代フレンチのベースになっていく。

現在のレストランは一八世紀の半ば、フランスの実業家であるマチュラン・ローズ・ド・シャントワゾーがパリで開いていたのが原型とされる。その後、フランス革命を経て、貴族の屋敷で働いていた料理人が主を失い、パリなどで独立してレストランを開業した。腕のいい美食の職人がレストランで一流の食事を提供し、そこに富裕層などが通う食文化のスタイルは一九世紀に確立される。

・食文化を拓いたタイヤメーカー、ミシュランの新サービス

美食文化を担うミシュランは、フランスの世界的なタイヤメーカーである。自動車の普及策の一環として一九〇〇年からガイドブックを発行している。表紙が赤のレストランガイドでは、特に秀逸なものについて星マークを付しており、三つ星が最高級レストランと認知されている。

一九三三年から導入された三つ星はほどなく料理人、レストランを左右する重い存在になる。掲載されると、来店客、売り上げが増えるといわれた。その一方で伝統を誇ったトゥール・ダルジャンが三つ星から二つ星に落ちることが大きなニュースとして取り上げられたり、三つ星を失うかもしれないと報道されたソーリューのレストラン、ラ・コート・ドールの天才シェフ、ベルナール・ロワゾーが自殺したりする（二〇〇三年）などの悲劇も生み出してきた。

ミシュランの三つ星は、覆面の調査員が訪れ、その評価に基づき評点する。評価基準は単に料理の味だけにとどまらず、盛り付け、セッティング、給仕係の数に至るまで、訪れて食事を楽しむ価値がどれくらいあるかを表している。食事に関しては伝統的な料理を評

価するのはもちろんだが、新しい要素に挑んでいるかどうかといった点も考慮される。

ミシュランは二〇〇七年秋に東京版を発行し、その後、京都・大阪版も出している。ミシュランの星付きレストランの数だけ見ると、東京の三つ星店の数が、本場のパリを上回っている。

日本では和食の伝統を重んじ、カウンターで食べるすし店に三つ星がつけられている。本場では給仕係などサービスも評価の重要な要素なのに比べ、評価基準がやや異なる面もある。

・「トゥール・ダルジャン」、「ラセール」――パリを彩る爛熟の三つ星文化

ミシュランの三つ星レストランは、フランスを代表するレストランとして世界中から美食家を集めることになる。

最初に三つ星をつけた三三年に三つ星を獲得し、その後、長くその地位を維持したのがパリのセーヌ川沿いの、ノートルダム寺院を望むロケーションにあるカモ料理が有名な「トゥール・ダルジャン」である。

フランスの三つ星を世界に知らしめたレストランに「ラセール」がある。一九四二年に

ルネ・ラセールがパリのフランクリン・ルーズベルト通りに開き、六二年から八三年まで三つ星を維持した。

店は貴族の館を利用した富裕層好みの作りで、天蓋が開く仕掛けが有名だ。アンドレ・マルロー、オードリ・ヘプバーン、マルク・シャガールなどがよく訪れ、欧州の富裕層のあこがれの的になっていた。

料理人でミシュランの星を最も多くとっているのはアラン・デュカスだと言われる。ボルドーのホテル学校で学んだ後、「アラン・シャペル」、「ラ・テラス」（ジョアン・レ・パン）などを経て、一九八七年にモンテカルロの高級ホテルの「ロテル・ドゥ・パリ」のレストラン「ルイ・キャーンズ」を率い、九〇年に三三歳の時最年少で三つ星を獲得した。

筆者は九三年に訪れたが、金の装飾が目立つ極めて豪華な内装で、カトラリーには金メッキを施したクリストフルを用いるなど、その豪華さに驚かされた。ただ、実際に料理を食べてみると、重厚な伝統的フランス料理とは一線を画し、南仏のみずみずしい野菜などを多用し、油もオリーブオイルを使う地中海風を意識した洗練されたもので、料理の新時代を予感させるものだった。

その後、アラン・デュカスは超高級レストランとしては珍しかった多店舗展開を始めた。

通常、三つ星をとるような店は凄腕の料理長が一皿一皿に神経をとがらせ、その質を保つ。二番目の店を出しても、その店の料理の質を三つ星クラスに保つのは難しいとされてきた。

しかしアラン・デュカスは三つ星の評価を生み出す自らの料理をレシピ化し、有力なシェフがそれを用いて料理を作れば三つ星を狙えるレベルにまで高めることに成功した。九六年にはパリに「アラン・デュカス」を開店し、九八年にはモナコとパリの二カ所で三つ星をとった。その後、ニューヨーク、ロンドン、東京などにも出店。二〇二〇年現在でもモナコ、パリ、ロンドンに自らの名前を冠するレストランを展開している。

・美食のグローバリゼーション――「エル・ブジ」の衝撃

美食文化はフランス中心に展開されてきたが、世界的に富裕層が増える中で、フランス以外でも食文化をけん引する超高級店が増えている。

世界がまだリーマン・ショックの後遺症にさいなまれていたころ、欧州の富裕層のあいだで一世を風靡した三つ星レストランがある。カタルーニャの高級リゾートが点在するコスタ・ブラバのロザス近郊にあった「エル・ブジ」である。フェラン・アドリアが生み出す独創的な料理が食通の心をつかみ、世界一予約が取りにくいレストランともいわれた。

この地はピレネーからカタルーニャにかけて飼育される高級豚や猪、地中海の魚介、躍進目覚ましいプリオラートのワインなど、超一流の素材に恵まれている。しかし店の特徴は、その素材以上にユニークな料理の手法だった。とりわけ素材を、亜酸化窒素を使ってムース状にする調理法（エスプーマ）を開発し、料理の幅を広げた。また醬油など日本の調味料を使うなど、極めて挑戦的な料理で、圧倒的な人気を誇った。こうした料理は「エル・ブジ・スタイル」として欧州の高級料理店に取り入れられていった。

「エル・ブジ」が一一年に休業したあと、欧州で最も予約が取りにくいと言われているのは前述した〇三年にコペンハーゲンに開店した「ノーマ」である。三つ星文化はフランスからほかの国へと広がり、新しい技術と新しいコンセプトで進化を遂げている。伝統料理とはずいぶん変わってきたが、富裕層のお楽しみである点は昔も今も変わらない。

個人的には、三つ星のレストランはずいぶん楽しんだ。八〇年代初めに「ラセール」を初めて訪れてかなり緊張はしたものの、大学生でもちょっと背伸びすれば楽しめる価格だった。九〇年代初めころまではフルコースのグランド・メニューが、パリだと一〇〇〇フラン（二万円強）、地方だと五〇〇フランから七〇〇フラン程度と、味は超一流だが価格は日本のフレンチと大差なかった。

それが最近ではパリで三つ星レストランを訪れると、前菜一皿で一〇〇ユーロ以上もする。メインからデザートまでオーダーしワインも楽しむと、少なくとも一人五〇〇ユーロ程度はかかってしまう。

グローバリゼーションが進む中で、美食を求めて訪れる人が増え、それにつれて価格も上昇していった。いまや三つ星は富裕層の食文化の象徴のようになってしまい、美味なものを適切な価格で純粋に楽しむ文化からは離れてしまった印象を受ける。

†ワインは投資対象に

・ワインづくりは富豪のあかし——ロートシルト（ロスチャイルド）のワイン
歴史を振り返ると、コーカサスで発祥したワインづくりは、やがてフェニキア人によって西欧にもたらされ、ローマ時代にひろく普及する。欧州で初期にワインづくりを担ったのは聖餐式で用いるキリスト教の修道院などだった。時代が下ると貴族やブルジョワなど富裕層が、自らの食卓に供するワインづくりを手掛け始める。中世にはブドウが栽培できる欧州南部では、ワインはかなり一般的な飲み物になっていた。

中世は王や貴族が臣下を慰労したり、力を誇示したりするため宴会がしばしば開かれ、

シャトー・ラフィット・ロートシルト

ワインは欠かせなかった。王族や貴族など富裕層にとってワインは単に消費するだけではなく、ブドウ畑を所有し、ワインを醸造することは権力の象徴とみなされるようになる。

王のワインともいわれたボルドーのラフィットは、一八六八年に競売にかけられたのをロートシルト家の基礎を築いたマイヤー・アムシェル・ロートシルトの五男であるジャコブ・マイエール・ド・ロスチャイルドが四四四万フランで落札した。

現在、シャトー・ラフィット・ロートシルトの運営主体となっているのは「ドメーヌ・バロン・ド・ロートシルト」で、フランスの内外のワイン生産者に出資している。

ロートシルトを名乗るもう一つの極上ワイン

が、シャトー・ムートン・ロートシルトである。ロンドンのネイサン・メイアー・ロスチャイルドの息子のナサニエル・ロスチャイルドが、五三年にパリの銀行家から、ポイヤックのブドウ畑シャトー・ブラーヌ・ムートンを一一七万フランで買い取った。畑はシャトー・ムートン・ロチルドの名称となる。

当初は最高級の評価ではなかったが、二〇世紀になってナサニエルの曽孫であるフィリップ・ド・ロスチャイルド男爵が、シャトーから樽で出荷していた慣行を改め、シャトーで瓶詰めするスタイルを確立し、最高級ワインの仲間入りを果たした。また高名な芸術家にエチケットを作成してもらう方式を採用した。シャガールやピカソ、フランシス・ベーコンなどが提供しており、毎年異なるエチケットを収集する富裕層も少なくない。

フィリップ・ド・ロスチャイルドは一九六〇年に米カリフォルニア州で、ロバート・モンダビと組んで、「オーパス・ワン」を作り出す。伝統のワイン界にあってグローバル時代に対応した、新しい最高級ワインの形を作り出した。

ブドウ畑を持ち、ワインを作るのは今も超富裕層の権威の象徴であり続けている。ベルナルド・アルノーが率いるLVMHはクリュッグ、ドンペリニョン、モエ・シャンドン、シャトー・ディケムなどを経営している。五大シャトーのひとつシャトー・ラトゥールの所有者はケリングのフランソワ・ピノーである。ピノーはナパのアロウジョ・エステートも所有している。このほかロバート・プジョーはソウテルヌのシャトー・ジラウを所有している。

・王のワインは一本一八〇〇万円

高級ワインは富裕層にとってまさに勲章でもある。いくら出しても入手したいといった人もいて、一本の値段が何千万円という値が付くこともある。ワイン・マニアのあいだでよく話題になるのが、一番高い値段がついたワインである。

一九八七年に、一本一六万ドルの値段で取引されたワインがある。一七八七年に生産されたボルドーのシャトー・ラフィット・ロートシルトである。最高値がついたのは、ロートシルト家がラフィットのシャトーを購入する前の、「王のワイン」と呼ばれていた頃のものだ。味わうというよりは、歴史の証人としての価値があるのだろう。

直近で一本当たり一番高いと言われているのが、ロマネコンティである。こちらは二〇一八年一〇月にサザビーズのオークションで、一九四五年ヴィンテージのロマネコンティが五五万八〇〇〇ドルで落札され、落札価格の最高を更新した。

フランス・ワインはフィロキセラ禍と呼ばれる病害で壊滅的被害を被ったが、四五年物はそれを逃れた自らの畑のブドウを使った最後の年のワインである。その後、ブドウをすべて植え替え、新しいヴィンテージは数年後からしかできておらず、極めて希少性が高いとされる。

・ワインに投資、この三〇年では株や金より高利回り

高い値が付くワインは、富裕層のあいだでは投資対象としても認識されている。投資対象としてのワインがより広く注目され始めたのは、一九八〇年代後半ごろから。ボルドーの五大シャトーや、ブルゴーニュのロマネコンティ、エシェゾーなどが注目され、近年はオーパス・ワンなどカリフォルニアの有名ワインも人気が高まっている。

単純に値上がり益を狙う投資もあるが、ヴィンテージが初めて市場に出回る若いうちに買い込み、一〇年、二〇年後に飲み頃で値段が上がった段階で売却するような投資スタイルもある。

購入したワインを長期間適切な温度、湿度管理の下で保存しなければならないため、結構手間がかかる。自らそれができない場合は、専門の保管業者に保管を任せなければなら

ないため、手数料がかかる。また、欧州ワインを欧州以外から買うような場合は、為替リスクが伴う。投資期間が長いため、そのリスクは決して小さくない。

欧米にはワインに投資するワインファンドもあり、事実上ワイン投資と同じ効果を期待できる。日本でもその分野で先駆者としてヴァンネットがファンドを手掛けていたが、経営破綻したため、現在は地方の作り手が資金調達目的で運営するファンドはあるが、本格的なワイン投資ファンドはない。

ワイン投資のリターンは決して悪くない。超長期でみると、一九〇〇年を一とした時の二〇一七年のワイン価格は六五で、グローバル株式の三八七、自動車の二四二よりは落ちるものの、宝石の三〇の二倍以上のリターンだ。

二〇〇四年からの一五年に限ると、ワインは極めて良好なパフォーマンスを記録している。高級ワインのインデクスの上昇はおよそ二五〇〇%にも達し、欧州の株式指数リターンの一三〇%を大きく上回っている。

ワイン価格を大きく押し上げた要因は、中国の富裕層の購入だ。ラトゥールに氷を入れて飲むなど、ワインの本来の良さを楽しむのとは異なる傾向の人も少なくないようだが、購入量が半端でなく、そのため価格が高騰し、結果的にワイン投資の成績をも押し上げた。

ただ中国は近年経済成長が減速するとともに、政府が腐敗一掃の一環としてぜいたく品購入の抑制姿勢を打ち出しており、この一〇年のようなバブル的なワイン価格の高騰は続かないと見られている。

③ 住

†高級住宅狂奏曲、一〇〇億円超え住宅続々

・お金持ちの巣――サン・ジャン・キャップ・フェラ、プエルトバヌス

世界の富裕層は、けた違いのお金を不動産に投じている。不動産が好まれるのは、投資対象でもあるためだ。日本では不動産の納税のための評価額が時価を下回っており、資産を不動産で持つと結果的に節税効果が高いことも、富裕層の不動産好きにつながっている。

緑に囲まれた瀟洒な別荘と、その先に広がる青い地中海――。ニース空港から車で三〇分、カンヌとの間にコート・ダジュール（紺碧海岸）の中でもひときわ世界的な金持ちの巣窟とでも呼べそうな場所がある。広さ二・五平方キロメートル程度の小さなフェラ岬半島に広がるサン・ジャン・キャップ・フェラである。

サン・ジャン・キャップ・フェラ

半島の付け根の部分には「ヴィラ&ジャルダン エフルッシ・ド・ロスチャイルド」がある。ピンク色の豪華なヴィラと、広大な庭園があり、庭園には色とりどりの花が咲き乱れ、あちらこちらにセンスのいい彫像が置かれている。パリ・ロスチャイルド家の二代目当主であるアルフォンス・ド・ロスチャイルドの娘エフルッシ・ド・ロスチャイルドが一九一二年に設けたもので、この地がベル・エポックの時代から、セレブが夏のバケーションを過ごすための別荘を構えるリゾート地だったあかしでもある。

国道から岬の中の道に折れて先を進むと、道の両脇には最低でも数百万ユーロは下らないとみられる豪華別荘が立ち並ぶ。手入れの行き届いた広い庭にはヤシや松が植えられ、車庫にはマセラッティやポルシェが収まっている。

岬の中を抜ける道をさらに進むと、半島の先に一九〇八年にできたグランド・オテルがある。中央の棟から両翼を広げる建物が設けられ、海辺まで前庭が広がり、ケーブルカーで降りることができるグランド・ホテル形式を取り入れたリゾート・ホテルである。外縁が海に溶け込むように設計されたインフィニティ・プールがあり、眼前に地中海が広がる。

日本のバブル期には日本企業が経営にかかわっていたこともあり、かつてこのホテルのプールサイドにいた時、ウェイターが片言の日本語で話しかけてきたこともあった。現在の運営はフォーシーズンズで、欧州やロシアなどのお金持ちの利用が多い。

地中海沿いにはキャップ・フェラのような金持ちの巣窟がいくつかある。スペインではマルベーリャ近くのプエルトバヌスが、オイルショックで豊かになった中東のお金持ちが集う比較的新しい富裕層の巣窟である。

もとは漁村に過ぎなかったが、一九六〇年代に不動産開発業者のホセ・バヌスがヨーロッパやアラブ諸国のセレブ用マリーナとして開発した。七〇年代初めに訪れたサウジアラビアのサルマーン・ビン・アブドゥルアズィーズがこの地を気に入り、埠頭《ふとう》を買収。さらにマルベーリャにかけて宮殿を建設し、夏に酷暑のサウジから避暑のために訪れる。

筆者が九三年六月に旅行で訪れた際に、地元の人に聞くと、ホテルや商店などを利用したサウジの王族が周りの人に渡すチップは一〇〇ドル札だったという。オイルマネーがこの小さな漁村を潤した。

マリーナには、数億円から高いものでは軽く一〇億円を超えそうな豪華ヨットが所狭しと停泊していた。とれた魚を出す気軽な店に交じって、超一流のシェフが腕をふるうフランス料理店などもあり、ブランドのリゾート・ファッションで着飾った紳士淑女でにぎわっている。

街を歩いて驚いたのは、漁村には似つかわしくない欧米有力金融機関が支店を構えていることだった。主な仕事はプライベート・バンキングである。超豪華ヨットでやってくる富裕層は、銀行にとって超優良顧客にほかならない。サウジアラビアの富裕層が先導して築いた超豪華マリーナは、いまや中東だけでなく、欧州各地からも富裕層が集いにぎわっている。

・米ヘッジ・ファンド創業者のニューヨーク高額物件獲得競争

富裕層を多く輩出している職業に、資産運用をするヘッジ・ファンドがある。欧州の王室などの資産も預かって運用していたハンガリー出身のユダヤ人投資家のジョージ・ソロスが創設したファンド（クォンタム・ファンド）が草分けで、市場の時代に乗ってファンドの創業者が大金持ちになっていった。

彼らの住宅購入はけた違いだ。ヘッジ・ファンドの経営者が不動産業界を驚かせたのは二〇一四年。ヘッジ・ファンド、「ジャナ・パートナーズ」を設立したバリー・ローゼンシュタインがニューヨーク州イーストハンプトンの邸宅を、住宅購入では過去最高となる一億四七〇〇万ドルで購入した。

その五年後の二〇一九年には、やはりヘッジ・ファンド「シタデル」の創業者であるケン・グリフィンがニューヨークのセントラルパーク・サウスに建てられる七九階建ての建物のペントハウスを購入した。有名建築家であるロバート・アーサ・モートン・スターンのデザインによる古典的な外観が特徴の建物で、購入価格は二億三八〇〇万ドルと、ローゼンシュタインの住宅購入の記録を大幅に塗り替えた。米フォーブス誌によるとグリフィンの資産は一五〇億ドルに上り、シカゴやロンドンでも高額物件を購入している。

余談だが、優秀なヘッジ・ファンドの創業者は金融資本時代の勝ち組で、彼らが超高額物件を物色する姿は、頭の中では理解できる。しかし、運用しているのは人から預かった資金で、他人のお金で賭けをしているのが現実だ。最先端の運用技術を駆使する手数料は高いのだが、常に高いリターンをたたき出しているわけではない。

二〇〇八年の金融危機まで、他人のお金で賭けをして、高い利益をたたき出す金融機関の経営者は、高額報酬を得ていた。そうしたハイリスク経営は危機で行き詰まり、銀行には厳しい規制が導入されたが、ヘッジ・ファンドに代表される非金融機関（シャドーバンク）は規制が緩いまま残り、それを利用して、賭けを続けているのがヘッジ・ファンドである。

投資の世界では、依然としてヘッジ・ファンドを現代の錬金術師のように崇める風潮が残り、それが彼らの破格の報酬と高額不動産投資を支えている。抜け穴を探し出し、貪欲に高い利益を探す彼らの姿は、お金がすべての経済体制では成長の原動力ではあるのだが、何か大切なものがゆがんでいるような後味の悪さを感じる。

・欧州マネーのタックス・ヘイブン、モナコの四〇〇億円ペントハウス

このヘッジ・ファンド創業者による高額住宅取得記録が相次いだニューヨークは、住宅

トゥール・オデオン・モナコ

価格が世界で最も高いわけではない。世界で最も高い住宅は、南フランスの地中海沿岸、コート・ダジュールの公国モナコにある。

　中心のカジノ広場（プラス・デュ・カジノ）から徒歩で数分のところにある「トゥール・オデオン・モナコ」に世界最高額のペントハウスがある。建築家のアレクサンドル・ジラルディが手掛けた四九階建て高層豪華マンションで、内装はインテリア・デザイナーのアルベルト・ピントが担当。二〇一五年秋に完成し、その建物の最上階の五フロア、合計三三〇〇平方メートルのペントハウスに、なんと四億ドルを上回る値段がつけられた。

　モナコは居住者に対する所得税がないタックス・ヘイブン（租税回避地）で、節税を目的に

［表5］　100万ドルで買える高級不動産の広さ

都市	平方メートル
モナコ	16
香港	21
ロンドン	30
ニューヨーク	32
シンガポール	35
ジュネーブ	38
ロサンゼルス	39
パリ	45
シドニー	50
上海	58
東京	65
北京	68
ベルリン	77
マイアミ	90
メルボルン	96
ムンバイ	102
イスタンブール	115
ドバイ	155
ケープタウン	174
サンパウロ	202

（出典：the wealth report knightfrank 2020）

欧州を中心にした富裕層が数多く居を構えている。F1レーサーのデヴィッド・クルサードやニコ・ロズベルグ、テニスプレーヤーのノバク・ジョコビッチなどのほか、事業家も少なくない。

そうした欧州のセレブが、面積が日本の皇居（皇居外苑を含む）より狭いおよそ二平方キロメートルに過ぎない都市国家に住居を求めるため、価格はおのずと高騰する。

二〇一九年に一〇〇万米ドルで購入できた高級住宅面積は、モナコが一六平方メートルと世界の主要都市で最小だった。住宅価格が世界で最も高いということである。ニューヨークやロンドンは三一平方メートル程度買えるので、そうした都市の倍の値段がついている。東京は六五平方メートル買うことができ、世界で一一番目になっている。そのモナコの最高峰が「トゥール・オデオン・モナコ」の四億ドルのペントハウスであり、それはまさに富裕層の時代の象徴でもある。

†中国富裕層マネーが牽引する高級住宅

・中国人富裕層御用達の香港
世界でモナコに次いで住宅価格が高いとされるのは、東洋の真珠とも呼ばれる香港である。香港の住宅価格を押し上げてきたのは、中国マネーである。中国は英国から返還された香港を、中国と国外とのマネーの中継地と位置づけたことから、金融取引が急増し、国際金融センターとしての地位が大幅に高まった。欧米の金融機関がプライベート・バンキングを展開し、中国の富裕層の資産運用に力を入れた。

中国の富裕層にとって、香港はビジネスの地であるとともに、自らの資産を守るための地にもなった。中国の経済成長にともなって富裕層が香港に集まり、それに伴うオフィス、住宅需要が高まった。もともと狭い地域だけに住宅価格は急騰する。

国際決済銀行（BIS）によると、二〇一〇年を一〇〇とした時の二〇一九年六月末の主要国・地域の住宅価格（実質ベース）は香港がトップで一九五。米国は一二九、日本は一〇八、中国が一一〇などとなっており、香港の突出ぶりが際立っている。

面積が小さな地域にもかかわらず、大きな中国ビジネスを狙える土地柄だけに、古くから有力な不動産会社がひしめき合っている。信和置業（SINO LAND）、新世界発展（NEW WORLD DEVELOPMENT）、新鴻基不動産（SUN HUNG KAI PROPERTIES）などだ。

当然、高級不動産の販売も増えている。二〇一七年には百万ドルの夜景と言われるほど夜景が美しいヴィクトリア・ピークにある四五〇〇平方フィート強のフラットが六億香港ドル（約八四億円）で販売された。

ただ香港では二〇一九年に拘束した容疑者を中国本土に引き渡せる逃亡犯条例をめぐって大規模なデモが起きている。二〇年には中国が反体制活動を禁じる香港国家安全維持法を成立させた。香港は一九九七年に中国に返還され、一国二制度の下で五〇年間の高度な自治が認められていたはずだが、中国の影響が急速に強まっている。高度な自治の期限まで残り三〇年を切り、不動産など中長期的な資産の扱いがどうなるかなど不透明な要素も強まってくる。そのため中国マネーが押し上げてきた香港の不動産の先行きについても、不透明感がただよっている。

・外国人が牽引する日本市場、五五億円マンションも

世界の超富裕層の住宅購入額が一億ドルを超えて、どんどん上がっていっているのに比べると、日本の高額物件は控えめだ。

バブル期に富裕層の購入するマンションを総称して億ションと呼ばれたことがあるが、現在、この億ションは東京で見ると販売される新築マンションの数%を占める。湾岸の高級タワーマンションの高層階、世田谷など古くからの住宅地の高級低層マンションの最上階などは、軒並み億ションである。

古くからのセレブあこがれのマンションは昭和の時代の広尾ガーデンヒルズだった。これはバブル期の前からの富裕層が買い求めた物件である。億ションが定着するきっかけは

一九九四年に販売された恵比寿ガーデンテラス壱番館。ビール工場の跡地を大規模開発し、その一部を高級分譲物件として販売した。職住接近の高級物件の走りとされる。

販売価格を切り上げるきっかけになったのが、ザ・パークハウス・グラン千鳥ヶ淵。皇居に近く、春には桜並木が眺められる希少な立地に、超高級物件として販売した。対象は日本の超富裕層で、販売価格は数億円。一〜二億円という高級マンションのレベルを突き抜ける、超高級マンション時代の到来を告げた。

超高級マンションは、その後、東京の各地に設けられる。現時点ではスーパー富裕層を対象にした超高級マンションはおおよそ四億円以上の物件とされ、東京都内を中心に二〇件程度が販売されている。

モナコや香港で数十億から数百億円にもなる高級物件を買うようなスーパーリッチは、日本ではごくわずかしかいない。ただ少ないながらも、一部にいるのは事実だ。米国のハワイで二〇一八年末に落札された超高級マンションのペントハウスの価格は、二三五〇万ドルだった。ハワイ史上最高額の物件となったが、購入したのは日本の不動産会社の創業者だった。

また港区六本木四丁目の元毛利家の屋敷があった檜町公園近くの超高級マンションは、

会員制組織を通じて超富裕層だけに販売された。ペントハウスは五五億円で販売され、日本でのマンション高額販売価格を塗り替えている。購入したのは香港の財閥とされ、世界的な富裕層の不動産購入ブームの一部が東京にも及んでいることを示している。

二〇一〇年代後半に増えたのは中国、台湾の富裕層によるマンション購入だ。中国は主に投資目的、台湾は投資に加え、安全な海外の住居確保が目的で、購入する人が多い。投資は数千万円から二億円程度の物件が多い。五輪での地価上昇を見込んで、東京の湾岸のタワーマンションなども積極購入している。

ただ日本は、高齢化に伴い人口が減り始めている。今後の発展が見込まれるインド、フィリピンなどに比べて、有力なビジネスチャンスは少なく、事業の場としての魅力の低下が見込まれている。新型コロナウイルスの感染拡大を受けて、エレベーターに多くの人が乗るタワーマンションを敬遠する機運も出ている。積極購入していた中国人の中には、不動産価格はピークとみて売却のタイミングをうかがう投資家も少なくないようだ。

④ 趣味

超富裕層が握るアート市場、買収されたサザビーズ

・買収されたサザビーズ

フランスやスイスで豊かな人の自宅に招かれると、リビングや廊下に絵画や彫刻が飾られていることが多い。アートは日々の生活に潤いを与えてくれるなどと切り出し、いやみにならないようにうんちくを傾ける術はさすがである。それは自らがお金の亡者ではなく、教養溢れた文化人でもあることを示す道具であるとともに、分散投資で富を守るための手段でもある。

お金持ちがアート購入に利用するのが、オークションハウスである。印象派の絵画などの出品がしばしばニュースで流れるサザビーズやクリスティーズは有名だが、ロンドンの老舗ボナムズ、フィリップス、ジュネーブの時計に特化したアンティコルムなども知られている。

オークションは、出品された芸術品などを購入したい人が希望価格を提示し、最高価格

を出した人が買えるシステムだ。購入を競うため、価格が吊り上がりがちだが、それでも人気があるのは、保証書の仕組みが大きい。

お金持ちがアート好きだとはいえ、偽物をつかまされたのではかなわないので、鑑定書や保証書が重要になる。オークションハウスというのは単に美術品を売るのではなく、鑑定で正当性を高めたうえで競売を実施しているのであり、富裕層はいわば安心料も含めて美術品を購入することになる。そんなオークションハウスをめぐる動きが急になっている。

米有力オークションハウスのサザビーズは二〇一九年六月一七日、欧州のメディア・テレコム業界の企業家で、美術収集家としても知られるパトリック・ドライが完全所有するビッド・フェアUSAに、同社株を売却することで合意した。ビッド・フェアによる買収価格は、三七億ドルとされる。

一七七四年にロンドンで設立されたサザビーズは、当初書籍類を扱い、次第に美術品全般を手掛けるようになる。二〇世紀半ば以降、積極的な経営で近代的な美術品の売買市場の基礎を築いた。一九八三年に米国の富豪アルフレッド・トーブマンが買収し、九八年に株式を公開したが、ビッド・フェアによる買収で、公開企業の歴史に終止符を打った。

新たに実質的な所有者になるパトリック・ドライはモロッコ生まれのユダヤ人。オラン

［表6］　グローバル・アート市場の取引価格と取引量

年	取引価格（百万ドル）	取引量（百万件）
2009	39,511	31.0
2010	57,025	35.1
2011	64,550	36.8
2012	56,698	35.5
2013	63,287	36.5
2014	68,237	38.8
2015	63,751	38.1
2016	56,948	36.1
2017	63,683	39.0
2018	67,653	39.8
2019	64,123	40.5

（出典：The Art Market 2020、Arts Economics 2020）

ダで電気通信事業を手掛けるアルティスを創業し、フランスのケーブルテレビ会社ヌメリカブル、米国のケーブル会社サドンリンクなどを買収してきた。ドライは、サザビーズの買収合意について「サザビーズは世界で最も野心的でエレガントなブランドの一つだ」と述べている。

　サザビーズとライバル関係にあるクリスティーズは一七六六年にジェームズ・クリスティーによってロンドンで設立された。一九世紀に英国貴族の宝石類などのコレクションをオークションで相次いで売って、最大オークションハウスの名をほしいままにしていた。

　保守的すぎるとして低調な時期もあったが、一九七三年にロンドン証券取引所に上場。その後、美術品への関心の高まりとともに、世界を代表するオークションハウスの地位を固める。一九九九年にケリング（当時はＰＰＲ）会長のフランソワ・アンリ・ピノーの投資会社によって買収され、非公開企業になっている。

サザビーズが買収されることで、世界的なオークションハウス二社が共に富豪の支配下になる。美術品は富裕層の趣味と資産運用の対象だが、その取引の場も富裕層が仕切る時代に突入する。

・最高額のレオナルド・ダ・ヴィンチ

富裕層は、常に秀逸な絵画の獲得を競っている。バブル期の一九八七年、日本の安田火災海上保険がゴッホの「ひまわり」をクリスティーズのオークションで、五八億円で落札し、一枚の絵画としては史上最高額取引と話題になった。

その後、富裕層の絵画購入熱が高まり絵画の価格は高騰する。絵画のマーケットでは比較的作品が多い印象派の絵画などに人気が集まり、ピカソの「アルジェの女たち」や、セザンヌの「カード遊びをする人々」に一億ドルを大きく上回る価格がついていた。

史上最高価格の絵画取引とされるのが、レオナルド・ダ・ヴィンチの作とされる「サルバトール・ムンディ」で、二〇一七年のクリスティーズのオークションで、四億五〇〇〇万ドルで落札されている。一八世紀以前の有名画家（オールド・マスターズ）は残っている作品数が少ないだけに、一五〇〇年ごろの作とされる「ムンディ」は、それまでの高額取引を大きく上回る値が付いた。最高額取引という面に着目すると「ひまわり」から三〇年で、ほぼ一〇倍になった。

この「ムンディ」は、ダ・ヴィンチがイエス・キリストを描いたものとされる。クリスティーズは、「誰が描いたのか徹底的に調査・研究したが、疑いはない」としている。ただ美術の専門家の間では、実際にダ・ヴィンチが描いたものか、大半を弟子が描いたものか、などをめぐり意見は分かれている。そうした話題性が、価格を吊り上げる面もあったのかもしれない。

俗物的には誰がこの「ムンディ」を競り落としたのかに興味がわく。米紙ウォールストリート・ジャーナルは、サウジアラビアの王子、バドル・ビン・アブドラ・ビン・ムハンマドが、同国皇太子ムハンマド・ビン・サルマンの代理で落札したと報じているが、関係者は落札者については一切コメントしておらず、真偽は明らかではない。ただ世界的な大富豪であることは間違いない。

この「ムンディ」は落札してしばらくして、パリのルーブル美術館の国外初となる分館ルーブル・アブダビが展示を予定していた。しかし、理由は発表されないまま、展示は延期された。落札者とともに、「ムンディ」をめぐる謎が深まっている。

・富裕層のアート蒐集

伝統的な富裕層には、教養があり絵画蒐集が趣味という人が少なくない。欧州を回ると、富裕層が集めた絵画が展示された小さな庭園風の美術館を見かけることがある。

サルバトール・ムンディ

スイスのチューリヒ湖からほど近いチューリヒの住宅地に、ビュールレ美術館があった。緑に囲まれた趣味のいい邸宅が改装され、その主が蒐集した印象派を中心にする絵画が展示されていた。

ゴッホの「種をまく人」、モネの「睡蓮の池、緑の反映」、コローの「読書する少女」、ルノワールの「イレーヌ・カーン・ダンヴェール嬢」、スラーの「グランド・ジャット島の日曜日の午後」など、素晴らしい絵がさりげなく掲げられ、間近で鑑賞できた。ハイセンスの富裕層が絵画を楽しむ雰囲気を、そのまま醸し出す秀逸な美術館だった。

この美術館は、武器の製造販売を手掛けていたエリコン・ビューレの社長として財を成したドイツ人のエミール・ビューレが集めた絵画を展示していた。中立国スイスの立場を生かして、対峙する連合国、同盟国双方に武器を販売して利益を得ていたわけで、コレクションの資金源に批判的な意見がくすぶっていたのも事実だ。

二〇〇八年にセザンヌの「赤いベストの少年」など四点、当時の金額で推定一五〇億円相当が盗まれた。セキュリティ上、邸宅での展示継続は困難と判断し、閉館され、コレクションはチューリヒ美術館へ移管された。

富裕層が集めた美術品を展示する美術館として名高いのは、モスクワにあるトレチャコフ美術館である。

設立者のパーヴェル・トレチャコフは画商の家に生まれたものの、亜麻やリンネル加工など紡績業で財を成した。さらにモスクワ・マーチャント・バンクの設立にも携わり、巨万の富を築き上げた。

ロシア美術を中心に蒐集した美術品は自宅の画廊などに集めていたが、その画廊は私邸ごとモスクワ市に寄贈され、現在のトレチャコフ美術館となっている。ラヴールシンスキー通りに面するトレチャコフ美術館を訪れると、まずロシアの伝統的な様式を取り入れた赤っぽい色調の独特のファサードが目に入る。中に入ると一五世紀の「至聖三者」など、イコンの傑作が並ぶ。また近代絵画ではイワン・クラムスコイの「見知らぬ女」など素晴らしい作品が展示されている。トレチャコフの財力と審美眼によって成し遂げられた秀逸なコレクションだ。


米国ではカリフォルニア州のゲッティ・ミュージアムが有名だ。アイルランド系移民の家系に生まれたポール・ゲッティは石油ブームに沸くオクラホマで、父親とゲッティ・オイルを設立。戦後にはサウジアラビアやイランで、採掘権を獲得し、五〇年代にはフォーチュン誌で世界一の大富豪に選ばれたこともある。

ゲッティは世界的な美術品のコレクターとしても知られ、ギリシャ、ローマ、エトルリアなどの古代美術を買いあさっている。死後に遺産の大部分は財団が受け継ぎ、コレクションを展示するゲッティ美術館を運営している。現在はゲッティ・ビラと、ゲッティ・センターの二カ所で収蔵品を展示している。

ゲッティ・センターはファン・デル・ウェイデンやレンブラントなど中世から、現代にいたる大量の絵画を保有。ルノワールの「プロムナード」やゴッホの「アイリス」などの秀作も数多く、米国でも有数の美術館になっている。

・ヴェネチア・ビエンナーレ――現在のアートの場

オークションハウスを買収してしまったり、一枚の絵に五〇〇億円をだしたりするような超富裕層はともかくとして、普通の富裕層の絵画に対する関心も高い。富裕層がアート作品を購入する有力な場となっているのが、アートフェアである。

世界的に有名なのはヴェネチア・ビエンナーレである。イタリアの北東部に位置するヴェネチアは、最盛期の一五世紀から一六世紀にかけて、その富を背景に華やかな文化が花開き、フィレンツェと並ぶルネサンスの中心となった。ティツィアーノやジョルジョーネ、ティントレットなどの画家を輩出してきた。

しかし、産業革命などの流れには乗れず、イタリアに統一され相対的な地位が低下する。

そこで市議会が一八九五年に文化の復興を狙い、国際的な美術展を開いた。それがヴェネチア市国際芸術祭で、多くの観客を集め成功を収めたため、二年に一度国が展示物を出し賞を競う「美術のオリンピック」とも称されるイベントになった。

現在では隔年の六月から数カ月、NPOのヴェネチア・ビエンナーレ財団が主催して、実施されている。絵画など美術のほかに、映画、音楽、演劇などの部門もあり、総合的な芸術イベントとしての地位を獲得した。黒澤明監督の「羅生門」が、最高の賞である金獅子賞を受賞したことで知られているヴェネチア国際映画祭も、このヴェネチア・ビエンナーレの一環として始まり、毎年開催されている。

このビエンナーレには、スイスの時計メーカーのスウォッチが深くかかわっている。二〇一一年にスウォッチ・アート・ピース・ホテルが美術展示の場を提供して以降、五回続けて国際美術展のメイン・パートナーを務めている。スウォッチは欧州や中東の富裕層が愛好する高級時計メーカーを傘下に抱えており、そうした富裕層がアートの最新トレンドに触れられる場を設けている。

・マイアミ、香港にも拡大したアート・バーゼルもうひとつ富裕層がアートの場として注目しているのがアート・バーゼルだ。こちらは一九七〇年にバーゼルの画廊経営者であるアーンスト・ベイエレ、トゥルッド・ブルックナー、バルツ・ヒルトが立ち上げたアートフェアである。

バーゼルはライン川交通の要衝で、古くから富裕な商人が住み着き、高い水準の学問や芸術が栄えた。バーゼル市立美術館は世界で最も古い公共美術館で、コンラート・ヴィッツ、ハンス・ホルバインなどの作品を含む中世美術のほか、印象派、現代美術などの作品も数多く展示するすばらしい美術館である。

そうした歴史的な背景のある都市で開かれるだけに、アート・バーゼルは八〇年代末には数多くのギャラリーが出展する一大アートフェアとなった。その後、マイアミ、香港でもアートフェアを開き、最大級のアートフェアの地位を確立している。

現在のアート・バーゼルは三〇〇を超えるギャラリー、四〇〇〇人を超えるアーティストが参加し、古典絵画から現代美術まで幅広い作品が売買される。バーゼルで開かれるアート・バーゼルに関してはプライベート・バンキングに力を入れるスイスの金融機関、UBSが一九九〇年代半ばからグローバル・リード・パートナーとして支えており、富裕層が美術品を購入する一大イベントの場にもなっている。

・七兆円のアート市場

富裕層のアート購入に支えられ、アート市場は拡大している。アート・エコノミクスによると二〇一九年のアート市場の規模は六四一億ドルだった。一八年より五％程度減っているものの、高水準を維持している。取引件数は四〇〇〇万件を超え、過去一〇年で最も多かった。

振り返ると、アート市場はリーマン・ショックを受けていったん縮小する。二〇〇八年の取引額は六二〇億ドルだったのが、〇九年には三九五億ドルにまで縮小する。

しかし、その後、中国の富裕層などにけん引されて、市場は再拡大軌道に乗り、一四年には六八二億ドルに達した。その後、中国による購入の勢いがやや落ちたものの、再び勢いを取り戻している。

取引の場としては画商を通した取引が五七％、オークションの取引が三七％などとなっている。

国別にみると最大のアート市場は米国で、全取引の四四％を占めている。次いで英国の二〇％、中国の一八％と続いている。二〇〇〇年以降で見ると中国の躍進が著しく、それに伴い欧米の美術品に加え、中国の美術品の取引も急増している。

・ゆがんだアート市場――バブル時代の日本の浅さ

富裕層をつかんできたアート市場だが、一九八〇年代はバブルが膨らんでいく日本が世界の美術市場をけん引していた。

当時、富裕層が多いはずの米国は中南米債務危機、貯蓄組合(S&L)危機などの影響で経済が低迷。欧州も停滞色が強く、中国はまだ改革開放路線に踏み出したばかりだった。八七年のゴッホの「ひまわり」の落札価格が当時の史上最高だったことが示すように、ジャパン・マネーが市場を支えていた。ちなみに九〇年代の不良債権問題の影響でジャパン・マネーが引くと美術品の買い手が細り、美術品価格が落ちる現象もみられたほどだ。

とはいえ、日本の富裕層が評価されていたわけではない。大昭和製紙の齋藤了英は一九九〇年にゴッホの「医師ガシェの肖像」とルノワールの「ムーラン・ド・ラ・ギャレットの舞踏会」を落札し、「死んだら棺桶に入れてもらうつもりだ」と発言した。「金にあかして購入したものは、どうしようと勝手」と映った発言は、「美術品は文化遺産」との国際常識と大きくずれていた。齋藤は後に「愛情表現の言葉の綾」と言い訳していたが、後の祭りだった。

日本中がバブルに浮かれ、絵に関する知識がなくても、鑑識眼がなくても、有名な作家の絵を保有していると誇ったり、見せびらかしたりする人や企業が少なくなかった。

そんなややゆがんだ動機で価格が高騰するマーケットは、格好のビジネスの場であり、そこに画廊だけでなく、商社などさまざまな業態が参入し、美術品が売られていた。

アート作品には、好事家はいくら出しても入手したいといった特殊な需要が存在し、価格があってないような側面がある。特殊な需要を見据えて安く仕入れて高く売ればもうかるのだが、価格の不透明さは悪事にも利用できる。

例えば有名作家の絵画に実際の評価を大きく上回るような鑑定額をつけて、それを担保に銀行から資金をだまし取るといった不祥事が起きたこともある。銀座の画廊経営者や、百貨店の美術販売担当の暗躍が伝えられるなど、富裕層が開拓してきたアート市場にとってみれば、バブル期の日本はやや後ろ暗さが残るブームの時代でもあった。

†オリエント急行からプライベート・ジェットへ、旅行新時代

・アガサ・クリスティのオリエント急行の時代

かつて海外旅行は、富裕層の特権だった。一九世紀末に登場したオリエント急行の名で知られる長距離豪華列車が代表格だったが、現在は超高級ホテルがプライベート・ジェットの旅を提案している。

アガサ・クリスティの小説『オリエント急行の殺人』で有名になったイスタンブールへの直通列車は、一九七七年に姿を消したが、その後、豪華客車でゆったりとした旅を楽しみたい富裕層向けの国際列車が運行されるようになる。スイスの旅行会社インターフルークがノスタルジー・オリエント急行の名称でチューリヒを拠点に、高級列車を運行した。

また米国の海運会社シーコンテナがオリエント・エクスプレス・ホテルズ（現ベルモンド社）を設立し、世界で高級ホテルを展開するとともに、ロンドンとヴェニスを結ぶ観光列車ヴェニス・シンプロン・オリエント・エクスプレスを運行している。かつて利用されていた高級列車を利用、夕食の際に男性はスーツとタイ、女性はドレスなどとするドレスコードを設けるなど、古き良き時代の貴族、富裕層の旅行を楽しめるような演出をしてい

る。

このベルモンドを、二〇一八年一二月にＬＶＭＨが買収した。ベルモンドはヴェニスのホテル・チプリアニやフィレンツェのベルモンド ヴィラ・サン・ミケーレなども保有している。

ラグジュアリーに求めるもの、とりわけ若い人たちの求めるものは、単に高級品の購買、所有だけでなく、体験や旅行、写真にできるような風景などへと変わりつつあると見られている。そうしたなかで、ＬＶＭＨは次の時代の富裕層の趣味を取り込むべく動き出した。

・タイタニック懐古――大型船の高級クルーズ

欧州の富裕層の旅の楽しみのひとつにクルーズがある。はじまりは一九世紀なかばで、英国のイギリス・北アメリカ郵便輸送特許汽船会社が大西洋横断定期便の運航を始めた。また英国の船舶会社ペニンシュラ・スチーム・ナビゲーション・カンパニー（のちにペニンシュラ アンド オリエンタル スチーム ナビゲーション カンパニー＝Ｐ＆Ｏ）も植民地への旅客サービスに参入。そうした海運会社がクルーズを手掛けるようになる。

クルーズ船は次第に大型化し、二〇世紀には大西洋横断航路に代表される大型長距離客船が登場する。映画で有名になったタイタニック号もそんな客船の一つである。レオナルド・ディカプリオが演じた三等船客は架空の人物だが、実際の特等や一等は豪華な客室で富裕層がぜいたくな旅を楽しめるものだった。

戦後は航空機の発達によって海外旅行客が奪われていったこともあって、クルーズ船は海に浮かぶ豪華ホテル的なものに変質していく。その流れを主導したのが一九七二年に設立されたカーニバル・コーポレーションで、巨大資本のクルーズ会社が大型のクルーズ船を運航している。

クルーズは米国で最も人気が高く、クルーズ顧客の半分強が北米、三割弱が欧州、そのほかがアジアなどとなっている。クルーズ船業界は寡占化が進んでいる。二〇〇三年にカーニバルがP&Oプリンセスを買収し、最大手の地位を確実なものにした。それにロイヤル・カリビアン、ノールウエイジャンが続き、三社で八割以上のシェアを占めている。

ただ二〇二〇年の新型コロナウィルスの世界的感染（パンデミック）では、横浜に停泊したダイヤモンド・プリンセスなどクルーズ船内で感染が広がる事態が起きた。寄港が断られたり、運航自体が停止させられたりするなどさまざまな問題に直面している。そのため大型クルーズ船はしばらく厳しい状況が続くと見られている。

・急増するスーパーヨット

より豪華でプライベートな海の旅を求める富裕層は、ヨットへの関心を高めている。

一四世紀にオランダで三角の帆を持つ帆船がヨットと呼ばれていたが、一七世紀ごろから英国などで富裕層の娯楽としてヨットを使ったセーリングが定着し、ヨットレースも始まっている。

各地に富裕層のマニアが集うヨットクラブが設けられた。一八五一年、英国で始まった万国博覧会の一環として当時最も権威の高かったヨットクラブのロイヤル・ヨット・スコードロンがヨットレースを開いた。米国から参加した「アメリカ」号が優勝し、ヴィクトリア女王から優勝カップを下賜された。

このカップはアメリカ号のカップ――アメリカズ・カップ――と呼ばれ、その後、ヨットクラブのあいだでカップを競う国際的なヨットレースとして今に至っている。このヨットレースは海のF1ともいわれ、富裕層の関心が極めて高い。

近年、急速に増えているのが、船の長さが三〇メートルを超えるスーパーヨットである。

場合によっては一八〇メートルほどの長さの船もあり、いわば海の超豪華プライベート・ホテルの観を呈している。

毎年百数十隻が建造され、合計就航数は五〇〇〇隻を超えている。八割程度がモーター・ヨットで、長期の海の旅も可能になっている。富裕層が保有するものは一隻、最低でも一〇〇〇万ドル程度はかかると言われている。ほとんどが注文を受けてからのカスタム・メイドで、三割程度がイタリア製。次いで米国、オランダなどが生産国となっている。

富裕層のあいだではスーパーヨット・ブームが起きており、それに伴い富裕層向けにスーパーヨットを貸し出す業者も増えている。またスーパーヨットを使った体験を売り物にする富裕層向け企画も出始めている。マリオット・インターナショナル傘下のリッツ・カールトン・ホテル・グループは、プライベートな感覚と豪華さを両立させた豪華ヨット・クルーズ・サービスを計画している。

・富裕層はプライベート・ジェット

一昔前の富裕層の空の旅は航空機のファーストクラスと相場が決まっていたが、今はプライベート・ジェットの時代に突入しつつある。時間を効率的に利用できるし、小回りも利き、食事などサービスも自らの趣味に合わせたものを用意できるのが特徴だ。

何よりも重視されるのがプライバシーだ。航空機のファーストクラスはたとえ個室でも乗降時にほかの顧客と顔を合わせ、完全なプライバシーは保てない。米国の場合、同時多発テロ事件以降、不特定多数が乗る定期便への警戒感から、プライベート・ジェットを利用する富裕層も増えた。

コストは購入する場合ガルフストリームG650、ボンバルディア6000などロングレンジで八〇億~九〇億円程度。ホンダジェットなど航行距離が比較的短いものは数億~一〇億円程度とされる。

チャーター・サービスも、急速に広がっている。米国にはチャーター会社が数百もある。価格はガルフストリームG650で日米間を往復（滞在も含め一週間程度チャーター）すると五〇〇〇万円程度かかる。

プライベート・ジェットは日本では飛行場の制約などもあり、まだあまり普及していない。保有数は自治体なども含め八〇機程度で、民間保有はその半分程度とみられている。しかし日本を含むアジアでは一二二〇機登録されている。登録数は欧州が二八二〇、中南米が二六二〇、中東が五一〇、アフリカが四七〇。北米に至っては一万三七七〇機にも上る。

プライベート・ジェットを利用するサービスも増えている。高級ホテル・グループのフォーシーズンズ・ホテルズ・アンド・リゾーツは二〇一五年にボーイング757―200ERを利用したプライベート・ジェットを導入。五二の席を設け、イタリアの革を使ったシート、モンゴルのカシミアを使った毛布、アムステルダム製のカーペットなど超一級の旅を用意してきた。

またアマン・リゾーツはボンバルディア・グローバル5000を導入し、プライベート・ジェットを利用する旅を提供する。プライベート・ジェットは一二人乗りで、よりチャーターに近い。その航空機を使ってインドネシア、中国、ブータンなどのアマン・リゾーツに行く旅行などを企画していく。かつてオリエント急行で豪華旅行をした富裕層が、今はプライベート・ジェットで世界を巡る時代に突入しようとしている。

†お金持ちの楽しみ、カジノ争奪戦

・シンガポールの方向転換

お金持ちには賭け事が好きな人が少なくない。このため富裕層の集客を目指す街はカジノを整備し栄えてきた。近年、新たな富裕国として中国が台頭し、その富裕層を獲得しようと、日本も含めた各都市がカジノ整備を競っている。

上層部がつながった三棟の高層ビル。アジアのお金持ちが集うシンガポールで、国のシンボルともいえるマーライオンの像がある港から見える近未来都市が、この国の新しい顔になっている。観光客をひきつけるのは、その斬新な建設だけではない。このコンプレックスには、カジノが入っている。

シンガポールはリー・クアンユーが社会主義をほうふつとさせるような手法で作り上げた、治安の良さ、腐敗の少なさ、清潔さを売り物にする都市国家。一人当たりの所得は日本を抜き、世界でトップクラスの競争力を保っている。その命運をかけた一大プロジェクトが、カジノが入ったコンプレックスだった。競合関係にあるマカオがカジノを武器に驚異的な発展を遂げていたこともあり、富裕層のインバウンド需要増をめざして、それまで清廉なイメージのシンガポールには合わないとしてきたカジノの誘致に方向転換した。

事業を託したのは、ギャンブル界で世界最大の企業で、米国やアジアでカジノを手掛けているラスベガス・サンズである。日本ではカジノ運営というと依然として反社会的勢力が仕切る賭博という後ろ暗いイメージが付きまとい誘致には反対運動も起きる。

しかしラスベガス・サンズの株式時価総額は八月半ば時点で三六〇億ドルと、日本のメガバンクの一角とされるみずほフィナンシャルグループを上回るなど、一大産業に育っている。そのサンズが手掛けた新名所が、シンガポールの観光案内書を飾っているのだ。

・富裕層向けカジノを国策推進したモナコ

カジノは、古くから富裕層のお楽しみの一つだった。国を挙げて振興したのが、南仏にある小国モナコである。シャルル三世は一八六一年に公国として独立したが、漁業以外にこれといった産業がなかった。そこで美しい地中海と、街並みを利用したリゾート開発を企図。少ない人口で大きな利益が得られる富裕層を対象にしたカジノをその目玉に据えた。

一九五六年にはレーニエ三世がハリウッド女優のグレース・ケリーを妃に迎え、彼女が公妃としてモナコのPRに貢献したこともあって、カジノを擁する超高級リゾートとして富裕層に売り込むことに成功。税金の安さもあって、いまや富裕層の人気ナンバーワンの都市になっている。

カジノを運営するのは国が半分以上出資するモンテカルロSBMで、四つのカジノ、四つのホテル、オペラハウス、三〇を超えるレストランなどを運営する。

街を代表する観光地のひとつに、カジノ広場がある。広場に面して、一八六三年に開いたカジノ・ド・モンテカルロが建っている。パリのオペラ座を設計した建築家シャルル・ガルニエによる宮殿風の建物を使った、モナコ最古のカジノである。創設当時は国営の、グラン・カジノだった。

広場に面して、超高級ホテルのオテル・ド・パリもある。一八六四年に建てられたホテルで、ロビーはベル・エポック調の古き良きフランスの時代を体現している。ホテルのメインダイニングはアラン・デュカスによるレストラン、「ルイ・キャーンズ」で、長年ミシュランの三つ星を維持している。この地は超一流のホテルに泊まった富裕層をカジノにいざない、もう一五〇年ものあいだ繁栄を続けてきた。今も着飾った紳士淑女がディナー前のひと時をゲームに興じている。

グレース・ケリー

・マフィアが愛したハバナ

モナコが欧州の富裕層を引き付けたように、米国の富裕層を引き付けた国がある。カリブ海に浮かぶ楽園のキューバである。

キューバは一九〇二年にスペインから独立し、ハバナはその首都となる。米国では一九二〇年代に禁酒法が施行され、米国人が息苦しさから逃れるためこの地に大挙して押し寄せた。多くの富裕層が別荘を設け、大規模なカジノがいくつも設けられる大歓楽都市になったのだ。

政権は安定せず、それに付け込んで禁酒法で取り締まりが厳しくなったニューヨークやシカゴのマフィアが活動拠点をハバナにも設け、カジノの利権を掌握した。

最も輝いていたのがナイトクラブの「トロピカーナ」である。高揚感をあおるショー、隣接するカジノ、一流の音楽と美女に彩られた一大歓楽施設で、北米からの富裕層を虜にした。

そんな楽園ハバナが、一九五九年一転する。マフィアと手を組み腐敗していたバティスタ政権に対し、フィデル・カストロとチェ・ゲバラなどがキューバ革命を成功させ、共産党政権を樹立。カストロ政権は反米色を鮮明にし、ケネディ時代にはミサイル基地をめぐり米ソが一触即発の状態になる「キューバ危機」が起きている。

断交した米国の富裕層はキューバに行けなくなり、ハバナは歓楽都市の地位を失った。

そしてカジノや、そこからあふれ出るマネーで繁栄を極めたハバナの街は、発展が止まったまま、建物だけがそこに残り、人々の住居として今もなお使われている。

ホテル・ナショナルなどかつてにぎわったホテルでは現在もカジノが営業を続けているが、富裕層向けというよりは、観光客用のちょっとした娯楽施設になっている。世界一のカジノ帝国ハバナは、過去の歴史となっている。

このハバナを革命の英雄が生きているうちにぜひ見てみたいと、筆者は二〇一四年暮れから一五年はじめにかけて訪れた。市内に残るかつて富裕層が贅を凝らして築いた豪邸が廃墟のようになっているさまをみると、繁栄の儚さを強く感じる。街の名物になっている六〇年代の色とりどりの大型のアメ車（米国製のクラシックカー）も、新しい自動車の輸入もままならなかったこの国の厳しい経済事情を反映したものだ。

しかし、廃墟のような建物に人々が住む街を歩いてみると、そこに住む人々は東京の人たちよりも楽しそうに、実に屈託なく生きている。一人当たりの所得で見ると日本よりもはるかに低いのだが、食品などは極めて安価で配給され、医療も基本的には無料だ。

欧米がお金だけを尺度にした豊かさを競う中で、それとはまったく違う道を選択したキューバ。一度ここに住んでみたいと思うくらいのハバナの旅は、富裕層が求める富の質に疑問を突きつけ、豊かさとは何かを改めて考えさせられた。

・エンターテインメント都市へ変貌するラスベガス

ハバナで派手な活動をしたマフィアの一部は、米国内でも賭博に注目する。カジノの都を目指すことになったのは、ネバダ州の砂漠の中のオアシス都市ラスベガスだった。二〇世紀初めにはゴールドラッシュで栄えたが、それが一段落すると有力な産業もなく、振興策として一九三一年に賭博を合法化した。

そこに目を付けたのがマフィアだった。一九四六年にニューヨークのマフィアであるベンジャミン・シーゲルが「フラミンゴ・ホテル」を建て、カジノビジネスを始めた。その後、別のマフィアの手に渡ったフラミンゴは、多くの顧客を集めたため、次々にホテルが建設されていく。ラスベガスは当初、反社会的勢力が仕切るカジノ・タウンだったのだ。

しかし六〇年代になるとマフィアの取り締まりが厳しくなり、カジノ経営から撤退するマフィアが出始めた。代わって参入してきたのが大富豪のハワード・ヒューズである。ヒューズはラスベガスのホテルを次々に買い取るとともに、カジノを認可する法律も変え、一般の企業がカジノ経営に参入できるようにした。

ラスベガスの夜景

参入した企業は、マフィアが仕切る賭博場のイメージが強かったラスベガスを、豪華なショーやアトラクションが楽しめるエンターテインメント都市へと変身させた。変革を主導したのが、スティーブ・ウインである。火山のアトラクションがある「ミラージュ・ホテル」をオープンしたのに続き、海賊をモチーフにした「トレジャー・アイランド」を開いた。施設は総合的なリゾートであり、その一部にカジノがあるという形態に代えていったのだ。

今ではウインのほかに、ラスベガス・サンズ、MGMなどいわゆる統合型リゾートを手掛ける大規模業者などが、カジノのほか、劇場、スポーツ施設、映画館、大規模ホテル、ショッピングセンターなどを展開している。客室数が四〇

○○を超え、世界中からの観光客を受け入れるような大規模ホテルなどがいくつも軒を連ねるが、米国を中心にした富裕層の利用も少なくない。
ラスベガスのカジノなどゲーム施設を訪れる人数は、二〇〇七年に三九〇〇万人をつけたあと金融危機の影響で一時減少したが、その後、増勢を取り戻し、四二〇〇万人程度になっている。収入の推移をみるとカジノ収入が、そのほかの収入を上回っていたが、一九九八年以降に逆転し、現在ではカジノ以外がカジノ収入の倍になっている。総収入は九〇年の四〇億ドル程度から、二〇一八年には一八〇億ドル程度にまで伸びている。マフィアが仕切っていた富裕層の賭博場からスタートしたラスベガスは、観光地の色彩を強めた一大リゾートに変容している。

・世界一のカジノ都市——マカオ

二〇〇六年、東西冷戦以降ラスベガスが君臨してきた世界のカジノ盟主の地位が、マカオに移った。同年にマカオのギャンブル収入は六九億ドルに達し、ラスベガスを抜き去った。その後もマカオのギャンブル収入は伸び続け、現在はラスベガスの三倍の規模に膨れ上がっている。

マカオは珠江の河口、香港の対岸に位置する。古くからアジアに進出してきたポルトガル人が居留、一九世紀にはポルトガルに割譲され、植民地として統治された。一九九九年に中国に返還され、一国二制度の政策の下、返還後五〇年は現状を維持する特別行政区となっている。

マカオでカジノが始まったのは一八四七年。二〇世紀半ばに華南でギャンブルを手掛けていた葉漢、香港・マカオの実業家である何鴻燊（スタンレー・ホー）、香港の資本家である霍英東（ヘンリー・フォック）が「カジノ・リスボア」の経営に乗り出し、カジノビジネスの礎を築いた。六二年にスタンレー・ホーがマカオのギャンブル権の独占的入手に成功し、その統治会社である澳門旅遊娯樂股份有限公司（マカオ旅行娯楽会社）を通じてマカオをアジアのギャンブル都市に育て上げた。当時は東洋情緒ただようカジノ・シティだった。

飛躍のきっかけは中国の特別行政区となったマカオ政庁が、スタンレー・ホーが独占してきたカジノ経営権を二〇〇二年に開放したことだ。ウイン・リゾート、ラスベガス・サンズ、ギャラクシーなど外資を呼び込み、開発を進めたタイパ島やコロアネ島で大規模カジノリゾートを建設していった。現在は近代的な大規模なホテルやカジノ施設が軒を連ねる、超豪華カジノ・シティになっている。

マカオのカジノを支えているのは、主に中国と、香港やアセアンを拠点とする華僑の富裕層である。ラスベガスはネバダ州の砂漠の中にあるのに対し、マカオは中国が大規模開発を打ち出している珠江デルタ開発の一部を担う。マカオのほか香港、広州、深圳、仏山などを含む地域はそれぞれの都市を高速道路・鉄道で結ぶ世界でも最大規模の都市圏だ。

中国は資産が一〇〇万ドルを超える富裕層が四〇〇万人を超える世界二位の富裕層国。二〇二四年にはその数は七〇〇万人に迫ると見られている。マカオは中国の一部であり、中国人富裕層を引き付けるには圧倒的に有利なポジションにある。実際、マカオを訪れる客の七割は中国から、二割弱が香港からである。

・富裕層争奪戦に日本も参入

マカオがカジノを中心とした国造りで大躍進しているのを見て、前述したシンガポールも含めアジアでカジノ開発競争が激しくなっている。中国の経済規模の拡大とともに、富裕層が増えており、それをターゲットにしたカジノの整備は周辺アジア国では必須と考えられている。

マレーシアには実業家の林梧桐が設立したカジノやテーマパーク、ホテルなどを手掛けているゲンティン・グループがある。ゲンティン・マレーシアが国内でカジノを運営しているほか、ゲンティン・シンガポールはシンガポールのセントーサ島でリゾート施設を運営している。

近年、カジノに力を入れているのはフィリピンだ。カジノをはじめとするエンターテインメントを核にしたリゾート開発を打ち出して、シティ・オブ・ドリームズ・マニラを整備した。

またマニラ近郊に、日本のユニバーサルエンターテインメント会長だった岡田和生が大規模カジノリゾートである「オカダマニラ」を創業した。フィリピン最大規模で中国からの客だけでなく、日本からの顧客の集客増も目指している。

日本でもカジノ熱が高まろうとしている。二〇二〇年現在国内三カ所に、カジノを含む統合リゾートを建設する方針になっている。インバウンドからの収入増が課題で、その対策の一つとしてカジノが有力視されている。

清潔さや治安の良さを武器としてきたシンガポールがカジノ誘致にかじを切って成功したことも、日本のカジノ整備への動きの大きな誘因になった。ただ、日本の場合、スロットマシーンなど一般向けゲームのウエイトが高くなる公算が大きい。後発で、安定的な経営を続けるには、多くの日本人に利用してもらう必要があるためだ。アジアの国が、富裕層からの収益を第一に考えているのとはやや異なったカジノになる可能性がある。

第四章

危うさはらむ新格差社会

（1）表に出始めた新支配者

†トランプ大金持ち政権

ドナルド・トランプ政権が誕生した時、多くの人はその異様さに驚いた。世界一の大国として国際化を推進してきた米国が、突然、自国第一主義を掲げ始めたからだ。メキシコ国境には壁が建設されつつあり、日本などと進めようとしていた環太平洋パートナーシップ協定（TPP）からは離脱、さらに貿易相手国とは個別に関税を設け世界貿易機関（WTO）の枠組みにも背を向け始めた。戦後の国際経済秩序は大きな転換点を迎えた。

驚きは、トランプ流の政策だけにとどまらなかった。大統領が選んだ新閣僚は大金持ちぞろいだった。大統領は不動産業であげた利益などを蓄積し、資産は三七億ドルだったが、投資家として知られた商務長官のウイルバー・ロスの資産額も二五億ドルにのぼった。

トランプはプロレス観戦が趣味の一つだが、中小企業局の局長に起用したリンダ・マクマホンはプロレス団体ワールド・レスリング・エンターテインメントの共同経営者。夫の資産と合わせると、その資産額は一三億五〇〇〇万ドル。また教育長官に起用したベッツィー・デボスは、一族の資産総額が四八億ドルを上回るアムウェイ創業者の娘である。

報酬が高過ぎると批判されることが多い大手投資銀行、ゴールドマン・サックスで社長を務めたゲーリー・コーンが、国家経済会議（NEC）議長となったが、その資産は二億六六〇〇万ドル。日本の感覚でいえば大金持ちだが、そのコーンが目立たないほどのスーパーリッチ政権になっている。それはまさに、大金持ちが政治を操るビリオネアの時代到来を印象付けた。

歴史を振り返れば、大金持ちによって支配される政治は古代ギリシャでも見られ、「プルトクラシー（plutocracy）」と呼ばれた。中世のフィレンツェやフランス革命前のフランスなど、さまざまな時代、さまざまな場所で大金持ちが政治を操っていた。その後、市民が力をつけ、民主主義が定着し始めると、一般国民の代表が政治を担うことになる。しかし民主主義のなかで市場原理主義が浸透し、貧富の格差が著しく拡大。その一方で国民の代表を選ぶ選挙に勝ち抜くには巨額の資金が必要になり、結果的に大金持ちが政治を握る時代に戻ってしまったかのようだ。

米国では貧富の格差が広がったこの一〇年ほど、このプルトクラシーという言葉がよく使われるようになった。高名な言語学者で、鋭い社会評論でも知られるマサチューセッツ工科大学教授のノーム・チョムスキーは「米国は民主主義の仮面をつけたプルトクラシーだ」と批判している。

†一％の人が四四％のお金を支配

富裕層が政治的な発言権を強めている背景には、その経済支配力の拡大がある。実際、富裕層の所有する富の量は半端ではない。スイスの大手金融機関、クレディ・スイス(Global wealth report 2019)によると、一〇〇万ドル以上の富(不動産など非金融資産を含む)を保有する富裕層は世界で四七〇〇万人いる。世界人口に占める比率は〇・九％に過ぎないが、その人たちが世界の富の四三・九％に当たる一五八兆ドルを保有している。

富が一〇万ドルから一〇〇万ドルの人は四億九九〇〇万人と、世界の九・八％を占める。この層はいわゆる準富裕層で、富裕層の一〇倍以上の人口がいるが、保有する富は一四〇兆ドルと富裕層の保有する富を下回る。

その次の層は富が一万ドルから一〇万ドルの普通の人々で、この層には一六億六一〇〇万人、人口の三二・六％がいる。この層が保有する富は五五兆ドルと、富裕層が保有する富の三分の一程度に過ぎない。

保有する富が一万ドル以下の層は二八億人で、全体の五六・六％を占めるマジョリティだが、保有する富は六兆ドル。富の一・八％を保有しているに過ぎない。

この数字が示すのは、上位一％の人々が富の半分近くを握っている現実だ。金融危機の後起きたウォール街占拠運動で、公園に陣取った若者たちが「我々は九九％」とのプラカードを掲げたが、まさに「一％の富裕層」vs「九九％のその他」という構図が現出し、富の面では一％と九九％が拮抗している。

しかも、その一％の富裕層のうち、ビリオネアがおよそ二〇〇〇人おり、彼らだけでおよそ八兆ドルの富を保有している。富が一万ドル以下の二八億人が保有する富が六兆ドルであることを考えると、ビリオネアへの富の集中は驚異的だ。

そして、そうした富裕層が多額の政治献金によって政治に強い影響力を及ぼす。また大学や病院の理事などに就任し、寄付金で子弟が入りやすい仕組みを築き上げたり、富裕層が快適に治療を受けられるシステムを構築したりすることに余念がない。お金の力がさまざまな支配の源泉となる社会が組み上げられている。トランプ政権というのは、トップの富の力が、圧倒的な政治力を生み出し、政策への富裕層の影響力が強まっている——そんな社会の現実を如実に示した。

†人民の、エリートによる、富裕層のための政府

大金持ちの政治支配力が強まっている現象については学界でさまざまな分析がなされている。とりわけ注目されているのが、富裕層が金に物を言わせることができる選挙の仕組みである。

経済学者のブルノ・ウイルヘルム・スペックが二〇一三年一一月に発表した論文「政治におけるマネー：政府における健全な政治的競争と信用」で、「選挙キャンペーンの寄付は、企業が集まった特定の利益グループが政府や議員に影響を及ぼす一つの経路になっている。それはロビーイング、ビジネスと政治の個人的ネットワーク、さらには賄賂などほかの経路も含む広い視点でとらえる必要がある」と指摘している。

また米国のバイパルティザン・ポリシー・センターが二〇一八年に発表した「米国の選

挙キャンペーン・ファイナンス：抜本的変革の時代」と題するリポートで、著者のナタニエル・パーシリー、ロバート・バウアー、ベンジャミン・ギンズバーグの三氏は、「選挙ファイナンスの仕組みは一九七三年の連邦選挙キャンペーン・アクトによって規制されたが、その後の変更、とりわけ特別政治活動委員会（スーパーPAC――political action committee）によって内容は大きく変わった。議会による規制権限が弱められ、候補者、政党、企業や組合を含むそのほかの関係者のキャンペーンへの無制限の支出が可能になった」と指摘、金がものをいう状況になっていることを示している。

これは米国だけの状況ではない。ドイツ社会科学研究所（マックス・プランク・インスティチュート・フォー・ザ・スタディ・オブ・ソサイエティ）は二〇一八年にリー・エルセッサー、スヴェーニャ・ヘンス、アルミン・シェファーの三氏による「人民の、エリートによる、富裕層のための政府」と題する論文を発表した。

そのなかで「政治的な決定が富裕層の好みを反映し、貧しい人や中間層の意見を無視する傾向がある。それは個人の寄付と、キャンペーン・ファイナンスに支えられた米国の政治システムに特異な現象とみられてきた。しかし一九八〇年から二〇一三年までの米国とは政治体制が違うはずのドイツの事例を分析してみると、政策決定と富裕層の意見には注目すべき関連性があることが分かった」と指摘している。

選挙が公的なファンドによって支えられているドイツ連邦議会は、議員が「ミリオネア・クラブ」のような状況となっている米議会とは異なる。とはいえ独連邦議会の議員の大学卒の比率は八五％と、一般市民の一五％よりはるかに高い。議員と選挙区の社会的距離が広がっており、それが貧しい人々の意見を無視する背景になっていると分析している。

貧しい人たちの政治への関心が薄いこともあるが、富裕層と、富裕層を生み出すことが多い高学歴層が政治の実権を握り、富裕層の意見を反映した国の運営にあたっている。トランプ政権はそうした傾向が極端な形であらわれた事例とみることができるだろう。

（2）傲慢さ増す富裕層、固定化する階層

†デスパレートな米裏口入学

富裕層にとって、お金の管理に負けず劣らず重要なのが子弟の教育である。跡取りを確実に育て、何代にもわたって有力なファミリーの地位を維持しようとする傾向が強いためだ。

米国では二〇一九年三月に富裕層の教育を巡って、驚きの事態が起きた。米検察当局は子供を名門大学に入学させるため詐欺に関与したとして、富裕層などおよそ五〇人を訴追した。テレビドラマ『デスパレートな妻たち』への出演で知られる女優フェリシティ・ハフマン、有力法律事務所ウィルキー・ファー・アンド・ギャラガーの共同会長ゴードン・カプランなどが含まれていた。二五万ドルを支払うケースもあったという。

米国は富裕層に甘い国柄で、金の力による裏口入学が横行していたのは公然の秘密だった。しかし現在では貧富の格差が拡大し、貧しい人が教育を受けられず、格差が固定するといった批判が強くなっていた。検察の動きはそうした世論を背景にした、一種の見せしめだと受け止められている。

裏口入学を手掛けていたのはウィリアム・シンガーという人物だ。替え玉受験や、特別な施設でカンニングしながら入試できるようにしたり、有名大学のスポーツコーチを巻き込みスポーツ推薦資格を偽造したりしていた。シンガーは二〇一一年から一八年までそうした行為を繰り返し、富裕層などから二五〇〇万ドルの資金を受けとっていた。

裏口入学の対象となっていたのは、スタンフォード、UCLA、南カリフォルニア大学、イェール、ジョージタウン、ウェイクフォレスト。このうちイェールなどは不正入学した学生の合格を取り消している。

このケースでは詐欺的な手段での入学が問題視されたが、超富裕層の場合、子弟を入学させる合法的な抜け穴がある。多くの大学は高額の慈善寄付や、大学施設の建設資金提供者の子弟に特別入学を認めている。額などは公表されておらず、詳細は表には出ていないが、巨額の寄付の場合は孫の代の入学まで事実上認めるケースもある。

そうした風土だけに各地域に、歴史があり富裕層が子弟を送り込むことが多い中高等教育を担うボーディングスクール（全寮制の寄宿学校）が存在する。例えばマサチューセッツ州グロトンにあるローレンス・アカデミーはサミュエル・ローレンスが一七九三年に設けた寄宿校。一〇〇エーカーの土地に、一〇の寄宿棟を備え、四〇〇人の学生が学んでいる。一年の授業料は四万ドル強で、寄宿料も含めると七万ドルを超える。

ニューヨーク郊外にあるマスターズ・スクールも富裕層に人気のボーディングスクールだ。一八七七年創立の伝統ある女子高だったのが、共学校に転換した。九六エーカーの広大な敷地に、体育館、テニスコートはいうに及ばず、劇場やミュージック・ビル、ダンススタジオなども備える。一クラス十数人の少人数教育を徹底し、生徒数は五〇〇人に満たない。一流大学に進む学生が多いだけでなく、音楽家や芸術家も輩出している。学費は寄宿料も含めて一年で七万ドル強。米国の教育は払うお金の額によって大きく左右されるのが現実だ。

米国でも、欧州でも、日本でも、教育にかかる費用はうなぎのぼり。高額の費用をかけて準備しないと、いい大学に入れない。そしていい大学で、マスターやＰＨＤを取った人が高収入を得て、子弟の教育に高額の資金を投じる。

一方、貧しい人でも大学には入れる。授業料は高いが、奨学金制度があり、ごく一部の超優等学生はその恩恵をうけられる。しかし多くの学生が卒業時にローンを抱え、返済に四苦八苦している。そうした人の生活には余裕がなく、自分の子弟をいい大学に入れるのは難しい。そうして、富裕層とそうでない層の教育格差が固定していくのだ。

米国ほど極端ではないが、日本でも裏口入学が明らかになったことがある。二〇一八年に息子を東京医科大学に裏口入学させていた文部科学省の局長が逮捕された。

それを受けて当局が調べると同医科大のほか、昭和大学や金沢医科大学、日本大学などで卒業生やその関係者を優遇する不正が実施されていたことが判明した。

日本は国民に広く医療を提供する医者を手厚く保護したため、医者には富裕層が多い。開業医ともなると、検査機器など多額の投資が必要で、その回収のために息子に病院を継がせたいという事情を抱えている。

そうしたなかで、本来公平であるべき、入試をゆがめる行為が横行していたのだ。富裕層による、教育格差の固定を狙う行為だといえる。

†富裕層の利用する税制の抜け穴　タックス・ヘイブン

富裕層の地位を固定化する仕組みは、教育だけにとどまらない。富裕層には、彼らが特にアクセスしやすい税金の抜け穴がある。それが租税回避地（タックス・ヘイブン）で、富裕層がお金を蓄え、さらに豊かになりやすい環境を提供している。

政府はさまざまな税金の税率によって、国の経済の在り方を決めていこうとする。例えば北欧の国々は所得税率や付加価値税率を高くして、それによって高い福祉水準の維持を目指している。貧しい人にも医療などを提供するための平等を、強く意識した国家運営だ。

その一方で、税率を低くして、ビジネスを誘致する国もある。タンカーにはパナマ船籍が多いが、これはパナマが船舶の置籍に関する税金を低く抑えて、その置籍船料を稼いでいるのだ。ビジネス獲得を目的に税率を低くしたり、ゼロにしたりする国は、タックス・ヘイブンと呼ばれている。

このタックス・ヘイブンは古代ギリシャの時代から存在したことが知られているが、富裕層が課税回避のための金融取引に利用し始めたのは二〇世紀の前半である。第二次大戦前はごく一部の富裕層が銀行預金を利用する程度だったが、次第に富裕層がタックス・ヘイブンに会社を設け、その会社に資産を移し、そこで有価証券投資をする動きが広がっていった。

銀行の業務に富裕層の資金管理を手伝うプライベート・バンキングがあるが、そのバンカーの主な仕事の一つは富裕層が節税をしたい時に、租税回避地を紹介し、口座開設や会社設立の手伝いをすることだ。

個人や企業の租税回避の意欲は強く、それを取り込む市場間競争も激しくなった。欧州では古くから有名だったスイス、リヒテンシュタインやモナコのほか、マルタやキプロスなども租税回避地として富裕層口座の獲得を競っている。

国際化の時代、どこに資金をあずけようと基本的には自由であり、タックス・ヘイブンを利用すれば納税額を縮減できる。仕組み自体は富裕層のためだけに設けられているものではない。ただ、国を超えて口座を開き、それなりの資金を預けられるのは、実質的には富裕層であり、富裕層が合法的に自国の課税をすり抜けるための穴になっている。

富裕層がタックス・ヘイブンを活用すれば、その居住国の税収が減ってしまう恐れがある。タックス・ヘイブンに設けた口座は資産運用などに用いられるが、タックス・ヘイブンはそこであがった運用益に課税しなかったり、低い税率しか課さなかったりする。ただ富裕層が実際に資産運用をしているのは居住国であることが多く、タックス・ヘイブンで実施しているわけではない。これを放置するとタックス・ヘイブンは脱税天国になりかねないので、国は富裕層がタックス・ヘイブンに設けた口座での運用益を把握し、それも含めた利益への課税をしようとしているが、必ずしもうまくいっていない。

課税に必要なのは、タックス・ヘイブンの利用者の情報である。そこでOECDがタックス・ヘイブンなどに「相手国の要求に基づく情報交換を実施する」、「情報交換に当たって銀行秘密などによる制限を設けない」、「銀行口座とその所有者に関する信頼できる情報の入手可能性の向上をめざす」などを促した。

協力しない地域に関しては、ブラック・リストに載せて透明化の圧力をかけた。〇九年のブラック・リストにマレーシア、フィリピン、ウルグアイ、コスタリカの四カ国、透明性が十分でないグレー・リストにバハマ、ケイマン諸島、パナマ、アンドラ、リヒテンシュタインなど三六の国・地域を載せた。このブラック・リストを利用する策は、後にEUも採用している。

さらにOECDは二〇一二年六月に租税委員会でBEPSプロジェクトと呼ばれるプロ

ジェクトを立ち上げた。BEPS（Base Erosion and Profit Shifting）は税源浸食と利益移転の意味で、プロジェクトは課税所得を人為的に操作し、課税逃れすることを防ぐ作業を始めた。

それを受け、G20は二〇一三年に国際的な租税回避を防止するため、税務当局間で非居住者に関する金融口座情報を自動交換することで合意。相手国の要請に基づいて実施していた情報交換を、毎年要請の有無にかかわらず自動的に実施することで、口座情報が入手しやすくなり、各国は入手する多くの口座情報を税務調査などに使えるようになった。

また偽名口座、ナンバー・アカウントのほか、タックス・ヘイブンに会社を登記して、その会社を通じて投資をする動きが後を絶たないため、実質的所有者を明らかにする取り組みも本格化してきた。G20が実質所有者の透明性を高めるため、「実質所有者情報への税務署のアクセスの確保」「無記名株式等の悪用防止策」など一〇の原則を打ち出している。

とはいえ、国によっては財務当局の高官がタックス・ヘイブンを利用している場合もある。財界の有力者が利用し、政府に対し厳しい取り締まりをしないように圧力をかけている国もある。脱税や節税で浮いた巨額の利益は政府高官や官僚への賄賂に利用されており、政府の取り組みはポーズを示すだけの世論対策にとどまっているケースも多いようだ。

（3）可視化する格差

†ハリウッドが見始めた貧富の格差、『クレイジー・リッチ・アジアンズ』と『パラサイト』

貧富の格差は、拡大に伴って社会問題として取り上げられる事例も増えてきた。欧米のジャーナリズムは貧しい人に着目し、その悲惨な状況を伝えてきた。富裕層については一部で伝えられるにとどまってきたが、富裕層の増加と、その影響力の拡大を受けて、急速に関心が高まっている。ベールに包まれていた富裕層の世界が可視化されていくことになるが、大きな役割を果たしているのが米国映画産業の中心であるハリウッドである。

ハリウッドは長年にわたり映画を提供しているが、それ自体はセレブの世界でもあった。授賞式ともなると、豪華な劇場に着飾った女優がリムジンで乗り付ける。それはアメリカン・ドリームの象徴でもあった。ハリウッド自らが貧富格差の富の頂点に近かったことが

『クレイジー・リッチ・アジアンズ』ポスター

『パラサイト　半地下の家族』ポスター

どれだけ影響しているのかはよくわからないが、恋愛や冒険といったテーマに比べ、格差をテーマにした映画は少なかった。

　そんななかで、二〇一八年に米国で『クレイジー・リッチ・アジアンズ』（邦題『クレイジー・リッチ！』）という映画が公開された。米国に留学していたシンガポールの不動産王の御曹司と、経済学の大学教授の結婚をめぐるラブストーリーである。自らの身分を明かしていなかった御曹司が恋人を故郷の家族に紹介するのだが、富豪の伝統が二人の恋の前に立ちはだかる。

　この映画は米国文化を代表するハリウ

ッドで、大手映画会社のワーナー・ブラザーズが、出演者の多くがアジア人やアジア系米国人の作品を手掛けたことが話題になった。米国でアジア系の存在感が高まっていることを映しているが、それとともに広い庭に囲まれた豪邸、屋敷を飾る中国風の超高級調度品、召使いに傅《かしず》かれるセレブ生活など、アジアの驚くような大金持ちの実態を印象付けた。

お金持ちの世界は、アジアの時代を迎えようとしている。コンサルタント会社のキャップジェミニによると、投資可能な資産が一〇〇万ドルを超える富裕層の数は二〇一〇年までは地域別では北米が最も多かったが、一一年から北米とアジアがほぼ並び、一五年にはアジアが五一〇万人と北米の四八〇万人を上回った。二〇一八年にはアジアが六二〇万人と、北米の五七〇万人、欧州の四八〇万人を上回っている。

米国に次ぐ経済大国だった日本がアジアでは富裕層の数が多かったが、近年は中国の増加が著しい。加えてインド、韓国、香港、台湾、インドネシアなどでも富裕層が増加し、地域としては北米を凌駕するに至っている。アジアの高い成長は、新しいお金持ちワールドを形成しようとしている。『クレイジー・リッチ・アジアンズ』はそこで起きている驚くような格差の拡大を明らかにしている。

貧富の格差の可視化という意味では、韓国映画の『パラサイト　半地下の家族』も大きな役割を果たしている。半地下の住宅に住む失業中のキム一家と、高台の豪邸に暮らすIT企業を経営するパク一家の物語で、キム家のギウが家庭教師として取り入ったのをきっかけにパク家に入り込み、そこで働いていた家政婦も含め、二家族が死闘を繰り広げるブラック・コメディだ。

半地下というのは朝鮮戦争の防空壕の意味もあって作られた設備であり、そこに住むのは韓国の底辺の人たちだ。一方、ITというのは韓国経済をけん引する富の象徴であり、富裕層に寄生する貧困という韓国が抱える問題をコミカルに描いている。

この映画は二〇一九年のカンヌ国際映画祭でパルムドール賞を受賞したのに続き、二〇二〇年二月には米国のアカデミー賞の作品賞に選ばれた。アカデミー賞で英語以外の言語での映画が作品賞を受賞したのは初めてだった。

白人中心と批判されていたアカデミー賞の改革の一環ではあるが、億万長者を輩出するIT業界と、そこに絡む底辺の人々という貧富の格差が、社会的テーマになっていることを明示する大きな意味があった。

†闇をあぶりだしたICIJ――パナマ文書の衝撃

可視化という意味では、富裕層が利用する抜け穴の可視化に大きな役割を果たしたのが、いわゆる「パナマ文書」である。二〇一六年四月三日に国際調査報道ジャーナリスト連合（ICIJ）が、タックス・ヘイブンとして知られるパナマの法律事務所モサック・フォンセカから流出した四〇年にわたる二一万社、一一五〇万件もの文書情報を公開した。

法律事務所の顧客リストには、国連事務総長アナンの子息、英国首相デーヴィッド・キャメロンの父、モロッコ国王ムハンマド六世の秘書などのほか、欧州サッカー連盟元会長のプラティニ、サッカー選手のリオネル・メッシ、俳優のジャッキー・チェンの名前があった。リストに名前のあがったアイスランド首相のダビッド・グンラウグソンは、辞任している。

日本人では楽天創業者の三木谷浩史、セコム創業者の飯田亮、UCC上島珈琲グループの上島豪太の名が出ていたが、当該会社などが合法的な行為で適切な納税をしていると説明している。

パナマ文書を受けタックス・ヘイブン対策の強化を求められ、二〇一六年五月に開いた

G7の伊勢志摩サミット（先進国首脳会議）は、国際的課税逃れ対策（BEPS対策など）と実質的所有者情報の透明性向上での国際協調で合意した。

さらに二〇一六年九月に中国の杭州で開いたG20首脳会議で、OECDが、税の透明性に関して合意された国際的基準を満足のいく水準で実施できていない地域のリスト、いわゆるブラック・リストを設けて、国際的な課税逃れを取り締まる方針を確認した。

富裕層のタックス・ヘイブン活用は以前から知られていたが、大量の具体名が出てくると怒りのレベルは別次元になった。パナマ文書はOECDなどが担当していた透明性強化の対策を、より実効性のあるものにする大きな圧力となった。

†新型コロナがあぶりだした分断　高い黒人の感染、死亡率

二〇一九年末に中国の武漢から広がった新型コロナウィルスは、二〇年に入るとイタリアやスペインに拡大。米国のトランプ政権はいち早く中国からの航空便の乗り入れを禁じるなどの措置を打ち出したが、感染を抑えることができず、感染爆発を招き、国家非常事態宣言を出すに至っている。米国の感染者は六〇〇万人を超え、死者も一八万人を上回る、世界最大の感染国となってしまった（二〇二〇年八月）。

感染者の多さだけでなく、感染・死亡率の偏りも衝撃だった。デトロイトをかかえるミシガン州の四月初めまでの感染状況を見ると、人口に占める黒人の比率は一五％だが、感染者に占める割合は三五％、死者に占める割合は四〇％に上った。白人人口は七五％を占めるが、感染者に占める割合は二五％、死者に占める割合は二六％に過ぎない。シカゴを擁するイリノイ州はもっと激しかった。黒人の比率は一六％なのに、感染者の三〇％、死者の七〇％を占めていた。コロナは米国を揺るがしたが、より激しく黒人社会を揺さぶっていたのだ。

黒人の感染率や死亡率が高い背景には、健康状態にある。よく「米国が風邪をひくと、黒人はインフルエンザにかかる」と言われるが、糖尿病、心臓病、喘息、高血圧などの罹患率も白人よりも優位に高い。黒人の平均寿命は白人より四歳も低い。

背景に経済格差があるのは言うまでもない。教育と就業機会の差が、白人との賃金格差を生んだ。医療保険に入っていない人も多く、病気になっても医者にかかろうとしない。

この数年、黒人の失業率も低下はしていたが、職種はサービス業が中心で、公共交通機関を利用する人が多い。地方では大家族で住むことも少なくない。感染を防ぎにくい環境に押し込められており、それが新型コロナの感染拡大によってあぶりだされた。

豊かな人がより豊かになる中で、貧しい人は貧しいまま放置されてきた。豊かな人がラグジュアリー消費に走る中で、貧しい人がコロナで相次ぎ死んでいく現実が浮かび上がった。米国の医療体制のもろさは長年指摘されてきたにもかかわらず、政権はその対策に巨額の資金を投じることには消極的だった。そのつけが、貧しい人の命により厳しく襲い掛かっている。

（4）社会不安のリスク——拡大する抗議活動、上級市民への反発

貧しさが行き過ぎると社会不安が生じるが、その兆候とも見ることができる抗議活動が起き始めている。

†ウォール街占拠運動、イエローベスト運動

二〇一一年秋に起きたのが、「ウォール街を占拠せよ」と言われる抗議活動だ。きっかけは米大手証券会社、リーマン・ブラザーズの破綻による、経済の低迷だった。政府はリーマンを破綻させたが、そのほかについては、野放図な金融商品販売で危機を起こした大手金融機関であっても公的資金を投入して救済した。にもかかわらず、大手金融機関の最高経営責任者（CEO）たちは何千万ドルもの年俸を手にし続けた。

その一方で若者の失業率は高いままで、政府が救済したのは全体の一％に過ぎない富裕

「ウォール街を占拠せよ」抗議活動

層だったと批判した。「我々は九九％」という主張が経済低迷に苦しむ国民を引き付け、公園の占拠などの抗議活動につながった。抗議では政府による金融機関救済への批判、金融規制の強化などとともに、富裕層の優遇措置への批判も含まれていた。

　フランスでは、二〇一八年一一月に黄色いベストを着た市民がデモをする「イエローベスト運動」が起きている。きっかけは石油製品特別税（燃料税）の引き上げで、生活費の高騰に対する不満が噴出した。デモは週末に実施され、多いときは一〇万人近くが参加。デモが過激化し、警察と衝突して多数の死者も出ている。

　燃料税は環境対策の一環として予定されていたもので、それ自体への反発が強いわけではない。むしろ大統領のエマニュエル・マクロンが進める構造改革への不満が高まり、燃料税率上げをきっかけに反政府的な暴動につながったとみられている。

マクロンが進めた構造改革は労働面では解雇補償の引き下げ、税制面では一般社会税（社会保障財源）の引き上げ、富裕税の減税、キャピタルゲイン減税など。前任の大統領オランドが進めた社会主義的な経済政策を急速に市場原理主義的な方向にかじを切り替えようとしたことが背景にある。

実際、デモ隊は最低賃金の引き上げなど貧富の格差の縮小を求めるものも多い。また富裕層の象徴とみられているシャンゼリゼ通りの高級カフェの「フーケ」や、高級ファッション店のガラスが割られるなど、富裕層への嫌悪感も表出している。

歴史を振り返ると、フランスでは富裕層の華美な生活は、国民の激しい怒りを招いたことがある。一八世紀末のフランス革命だ。それは貴族制度の崩壊であるが、貧富の格差に対する貧しい側からの革命でもあった。

現在の抗議活動は一部で脱法行為もあるが、基本は法律の範囲内での活動である。今の世界では富裕層を私刑に処するようなことは許されない。しかし政府や富裕層側が貧富の格差を容認し続けると、貧しい側はますます追い詰められていく。それが耐えられない水準に達すると、暴力的な活動や革命につながる恐れもあるだろう。

†ネットは敵か味方か

世界的に抗議活動が拡大している背景に、インターネットや携帯電話などモバイル・デバイスの普及がある。チュニジアのジャスミン革命に端を発した民主化運動、アラブの春では、活動家がツイッターやフェイスブックなどで抗議活動を呼びかけ、それに呼応した貧困層が反政府デモを繰り広げた。

エジプトでは、軍事クーデターで政権を奪取し三〇年以上の独裁で巨額の資産を形成していた大統領のホスニー・ムバラクが、権力の座を追われた。隣のリビアでも長期独裁で石油利権を牛耳り、世界的にも有数の金持ちだった最高指導者カダフィの政権が崩壊した。

これまでの反政府運動は軍部、野党、労組、宗教勢力など貧しい人々の利益をベースにしながら、一定の財政基盤がある組織が大衆を動員する形で展開された。大規模組織がジェネラル・ストライキなどを呼びかけ、政府を追い詰めていった。

それに対し、「アラブの春」はかなり異なっていた。もちろん米国のオバマ政権が民主化の推進を打ち出していたこともあり、それと呼応する民主化推進組織がデモを支援していた。ただ、それまでのような大規模組織ではなく、小規模な組織や個人が行動を呼びかけ、それがSNSなどを通じて伝わり、大衆が動員された。

このSNSを通した抵抗運動の呼びかけは、香港での雨傘運動やフランスのイエローベスト運動でも多用されている。ネットやモバイルは、大衆を動員する有力な武器になったのだ。その意味では、貧しい側が、豊かな側に抵抗する比較的安価な武器を手に入れたことを意味する。

ただ、ネット、携帯電話が急速に普及した中国では、SNSなどを通じて反政府運動が広がることに強い危機感を抱いている。そのためネットの情報を監視するインターネット網警や秘密警察などに数十万人を張り付け、事実上のネット上の情報検閲を実施している。対象は騰訊(テンセント)、捜狐(ソウフ)、新浪(シナ)、網易(ワンイー)の検索サイトなど幅広い。

そうしたサイトに政府に不都合な情報が現れると、間もなく削除される。中国では各地で暴動が起きているが、ネット上ではそうした情報は軒並み削除されている。自由化を求めた学生が殺された天安門事件は、三〇年以上たった今も関連情報は削除される。チベットや新疆ウイグルの反政府運動も、ネット上では見ることができない。

中国ではテレビ放送は監視されていて、BBCやNHKの放送であっても、中国政府批判などを含む場合には、放送が突然中断されることがあるが、より多くの人々の情報が行きかうネット上でも、テレビ放送の中断と同じようなことが頻繁に繰り広げられている。

中国のサイトの運営会社の経営者は世界的な富裕層であり、その人たちが政府による監視を容認している。ここでは政府とネット経営のスーパー富裕層が手を組んで、「アラブの春」にみられたような貧者の武器としてのネット、モバイル・デバイスの利用を抑え込んでいる。

ネット文化の発祥の地とも言える米国では、「ネットは情報アクセスを容易にすることで個人の力を増すことに資する」との考え方が主流だった。貧者の武器としてのネットという考え方が、もともと存在した。

しかし、そのネット文化を代表する企業の経営者はごく一部の超富裕層であるのも事実である。現代の富裕層の代表はＧＡＦＡの経営者たちだが、そのほんの一握りの富裕層がネットの経営方針を決めることができる。

実際、一部のネット企業は資金洗浄（マネーロンダリング）対策やテロ資金根絶対策で、情報を政府に提供している。プライバシーを超えて優先される監視のメカニズムが、ネット上では厳然と機能しているのだ。

問題は、そこでの価値基準である。市民社会を守るためにテロ資金根絶に協力するのは正しいことだが、中国政府が実施しているような反政府運動の取り締まりも、名目は市民社会を守るためだ。その決定に大きな影響力を持つのは、富裕層である。

ネットは大衆を基盤にしたメディアで貧者の声を伝える重要なツールではあるが、実態はごく一部の富裕層が牛耳る世界で、貧者の声の自由を永遠に保証しているわけではない。

(5) 問われる民主主義

†「コロナでも配当」で問われる株式文化、従業員は解雇しても配当維持に批判

一九九〇年代から富裕層の富を膨れ上がらせたのは、米国などでインターネット社会の到来とともに右肩上がりで上がった株価の高騰だった。企業の経営を巡っては、配当益などで利益を上げようとする株主である富裕層と、企業に雇われ生活を維持している従業員の利害が交錯するが、株価が上がっている間なら、会社は双方の要望を満たせる。しかし、危機が訪れた時には、難しくなる。新型コロナウィルスの感染拡大は、一部の企業に株主を取るか従業員を取るかの選択を迫り、富裕層に手厚い株式文化の在り方が問われる事態となった。

新型コロナウィルスが猛威を振るう中で、欧州中央銀行（ECB）は二〇二〇年三月二七日、銀行などに対して配当支払いと自社株買いを先送りするよう要請した。

ECBは「銀行は新型コロナウィルス危機時において、家計、中小企業、企業に対する役割を果たすため、資本を節約し、実体経済を支える力を維持する必要がある。それらは、配当や自社株買いに優先する」と強調した。

銀行は株式を発行して投資家から資本を調達して、それを原資にして事業を展開する。配当は資本を提供する投資家への見返りであり、それは株式文化の源泉である。

ただ、銀行は家計などの金融を支える社会的責任を負っており、先の金融危機時には各国政府が銀行に公的資金を投入して事実上救済したのも事実だ。そうした社会的責任に鑑みて、ECBは比較的裕福な投資家に報いることより、家計、中小企業に対する社会的責任を優先することを求めたのだ。ECBは銀行の監督機関でもあり、イタリアやオランダの銀行が相次ぎ利益配当の中止を表明した。

一方、米国では配当へのこだわりが強い。クルーズ船を運航するロイヤル・カリビアンは、三月からクルーズ船の運航を停止し、契約従業員の解雇を始めた。しかし予定していた自社株買いについては中止せず、配当の支払いも続けた。ほかにもゼネラル・モーターズなどが、従業員の解雇、給与削減などを実施する一方で、株主還元を維持している。

配当をするかどうかは、その企業の判断にゆだねられている。米国では株主還元が禁じられるのは、大規模経済対策によって政府から資金援助を受ける企業だけだ。

ただ、近年企業の社会的責任に対する見方は厳しくなっている。見返りの配当へのこだわりが強い投資家がいるのも事実だが、その一方で企業の持続可能性を重視して社会システム全体を踏まえた株主還元を求める声も強い。とりわけ自社株買いについては、投資する富裕層や経営幹部を富ませる意味合いがあり、従業員を解雇しながら実施すべきではないとの意見が強まっている。

一九九〇年代以降貧富の格差が急拡大した背景の一つに、株価の上昇がある。余裕のある富裕層は株式投資を増やし、そこから得られる配当益で所得を増やしていった。世界的に配当には所得税に比べて有利な税制が用意されており、結果的に富裕層が税制優遇を受けやすくなっている。

新型コロナという未曽有の危機に見舞われ、ＥＣＢは富裕層優遇を続ける余裕がなくなってきたと判断した格好であり、米国でも同様の考え方が広がっている。新型コロナの世界的流行（パンデミック）という特殊な状況がきっかけではあるが、富裕層を優遇する株式文化にメスが入り始めた。

†サンダース人気の意味、行き過ぎた格差に警鐘

米国で民主党の大統領候補指名を目指したバーニー・サンダースは新型コロナウィルスが蔓延する中、二〇二〇年の民主党大統領候補選からの撤退を表明した。しかし一六年、二〇年と二度にわたり旋風を巻き起こしたことは、社会民主主義的な主張が受け入れられる素地ができていた事実を物語っている。

サンダースは、ニューヨークでユダヤ系移民の息子として生まれた。学生運動が吹き荒れる六〇年代にシカゴ大学で学生運動に参加し、社会民主主義に傾倒していく。その後、バーモント州バーリントンの市長、同州の下院議員を経て、〇七年から同州上院議員を務めている。

富裕層と対決し、富を配分するという社会民主主義的な主張を一貫して通したため、民主党では過激な左派と扱われ、長らく顧みられることはなかった。

ところが二〇〇八年、時代の流れが急変する。リーマン・ブラザーズの破綻で利益最優

先だった銀行システムが崩壊の危機に瀕し、政府が公的資金を投入して救済した。ビル・クリントン以降、民主党の主流はあまりにウォール街寄りだったが、その立ち位置が揺らぐことになる。「ウォール街を占拠せよ」といった運動が起きるなか、異端のサンダースが支持基盤を広げていった。

サンダースを支えたのは、大学生を中心とする若者だった。ミレニアル世代の若者は、高騰する教育費の負担を求められ、大学卒業時に学生ローンを抱えることになる。ニューヨークやカリフォルニアなど大都市ではアパート賃料が高騰し、生活はぎりぎり。家も購入できなければ、結婚もためらうなど、かつての米国とは様変わりの現実に直面していた。若者はかつて、富裕層は勝者であり、その地位を手に入れることがアメリカン・ドリームであるとして、格差社会を受け入れていた。それは貧しくても、大学で学べば道は開けるという前提があったからだ。

ところが、巨額のローンをかかえて大学を卒業する時代になって、かつてのアメリカン・ドリームを追い求めることは非現実的になっていることに気付きだした。しかも、アメリカン・ドリームの象徴とされた金融機関の経営者には、公的資金を受けながらも巨額の報酬を手にするというモラルハザードが蔓延していた。

そうした現状を目の当たりにした若者が、サンダースの主張にとびつくのに時間はかからなかった。サンダースが掲げたのは、大学の授業料の無償化、学生ローンの免除であり、市場原理主義の陰で貧しくなった学生に寄り添ったものだったのだ。

しかし民主党は一六、二〇年の大統領候補選で、ヒラリー、バイデンと中道候補を選ぶ。ウォール街に近いヒラリーは、僅差で破ったサンダースの主張を顧みず、ラストベルトの労働者に寄り添う演出が成功したトランプに敗れ去った。

バイデンは緒戦でサンダース旋風に巻き込まれ、あわや撤退というところまで追い込まれたが、巻き返した。ただ、サンダースが学生などに支持されている現実はよく理解しているようだ。「サンダースたちは米国の政治議論を変えた。所得格差、国民皆保険、学生ローンの免除など、これまで顧みられなかった政策課題に息吹を与えた」と述べている。

米国では、ながらく市場原理主義がもてはやされてきた。それは成長の強力な原動力になったが、その陰で格差を広げ、多くの国民が成長から取り残されていった。サンダース人気が示したのは、格差の是正がメインテーマの一つに浮上しつつある米国の政治情勢で、それはだれが大統領になっても向き合わざるを得ない現実だ。

†広がる富裕税待望論

貧富の格差が社会問題化する中で、その解消の手段として注目されているのが富裕税である。お金持ちからの税収を増やすことで、富の再配分機能を高めるのが狙いで、資産税、所得税、相続税、遺産税など様々な税の活用が検討されている。

富裕税は社会民主主義的な色合いが強かった欧州の中道左派政権などが導入、一九九〇年代初めの欧州の導入国は一〇カ国を超えていた。その後、増税のターゲットになった富裕層が資産をタックス・ヘイブンに移したことなどから税収が落ち込み、導入国は減っていった。

しかし格差の拡大を受けて、オーストリア経済研究所のアレクサンダー・クレネク氏らは「持続可能な将来のEU資金調達：欧州の富裕税」と題する論文で、域内でネットの富が一〇〇万ユーロ以上の家計に一％、五〇〇〇万ユーロ以上に一・五％の課税を提案している。それによって一五六〇億ユーロの税収が見込めるという。EUの場合、課税主権が各国にあるため導入は簡単ではないものの、格差の是正が政治の焦点になっている。

一方、米国はこれまで富裕層増税には消極的だった。一九八〇年代初め大統領に当選したロナルド・レーガンは、供給面からの景気刺激を重視して、富裕層により減税の恩恵が及ぶ施策を導入した。〇八年の金融危機を受けて、富裕層優遇への批判が強まったが、一六年に大統領選で勝利したドナルド・トランプは富裕層に有利とされる減税を実施した。米国は基本的に富裕層寄りの経済運営を続けてきた。

それに対し、社会民主的な経済運営を志向する米国の民主党左派が、二〇二〇年の米大統領選挙に向けて富裕層への課税強化を声高に求めている。サンダースは全遺産に相続者などへの分配前に課税される遺産税率の引き上げを求め、同じく民主党の大統領候補に名乗りをあげたエリザベス・ウォーレンは家計の富が五〇〇〇万ドル以上の層に、その超過分の富に課税する「超億万長者税」構想を打ち出した。

これまでと様相が違うのは、富裕層にも富裕税への支持が出始めていることだ。二〇一九年六月にジョージ・ソロスなど富裕層一九人が「米国はモラル、倫理、経済的理由から、我々の富にもっと課税する責任がある」との意見書を出している。また二〇二〇年七月には米ディズニー創業者一族（共同創業者ロイ・ディズニーの孫）のアビゲイル・ディズニーなど先進国の八〇人を超える富豪で構成する「ミリオネアズ・フォー・ヒューマニティ」

が、「新型コロナウィルス感染が広がる中、ミリオネアには果たすべき役割がある。我々は患者の処置に当たるわけではないが、（中略）お金がある」としたうえで、政府がミリオネアに大幅課税することを訴えた。

近年、格差の拡大に起因するとみられる社会のゆがみも目立っており、貧しい人が教育を受けにくい状況が続き、優秀な人材が活躍できなくなると、国の競争力が低下するとの危機感が富裕層にも強まっている。国の競争力維持や人権保護の観点から、富裕税は一部左派の主張にはとどまらない広がりを見せている。

†政治は富裕層の特権か、民意反映システム構築の難しさ

貧富の格差が持続可能な範囲を超えて広がったときに、それを是正できるかどうかは政治の在り方にかかっている。

中国で経済発展の路線を敷いた鄧小平が主張したのは、豊かになれる人々から豊かになり、その人々が残りの貧しい人を引き上げていけばいいという「先富論」の考え方だった。

その結果、豊かな人は劇的に増えたが、農村地域を中心に貧しいまま取り残されたり、都市部で底辺の生活を余儀なくされたりしている人も少なくない。所得の不平等さを測る

ジニ係数（一に近いほど格差が大きい）は〇・五を上回っているとの見方もあるほどで、格差は確実に広がっている。

その過程で地方では、政府が人民を立ち退かせ、取り上げた土地の再開発によって政府や党の幹部が巨万の富を得た。人民の犠牲のもとに成り上がった富裕層が、ブランドものの商品を買いあさるといった光景が常態化し、抗議の暴動も相次いだ。

習近平が進めたのは腐敗撲滅運動だった。不正に蓄財した一〇〇万人以上が処罰されている。綱紀粛正が掲げられ、ぜいたく品の贈答が禁止されたり、航空機のファーストクラス利用制限が打ち出されたりした。

汚職と富裕層を結び付けて、汚職取り締まりで悪徳富裕層を退治する政治ショーを展開したのだ。もちろん摘発対象は政敵である場合も少なくなかったが、習体制が一般国民の味方であることを印象付けようとした。

ただ、その後も中国は成長を続け、腐敗とは無縁の富裕層が増えており、貧富の格差は簡単には縮まらない。腐敗が絡んでいなくても、開きすぎた格差は貧困層の不満を増幅する。

資本主義の要素をとりいれた社会主義が中国の歴史的な高成長をもたらしたのは事実だ。

しかし、その結果生み出された富裕層と貧困層の格差は、平等や公平を目指す社会主義の許容範囲を超えて広がりつつある。習近平の腐敗撲滅運動は、その社会主義体制のほころびを糊塗しようとしたものだが、問題が解決したわけではない。富裕層を社会主義の中でどう位置付けていくのか、その手腕が問われる局面に差し掛かっている。

米国では新型コロナウィルスの感染拡大を受けて、富裕層寄りの政策が厳しく問われている。コロナによる死者は、貧しくてまともな医療が受けられない黒人が多いためだ。

米国では簡単な手術でも一万ドル以上かかることもあり、豊かな人しかまともな医療を受けられないと批判されてきた。初の黒人大統領であるバラク・オバマは大統領選で医療保険制度改革（オバマ・ケア）を公約に掲げ、当選後、保険会社に価格が安い保険の提供などを求めることで、個人が民間の保険に入ることを促した。五〇〇〇万人を超えるといわれた無保険者のうち、二〇〇〇万人近くが保険に入った。

その後、オバマ・ケア廃止を公約に掲げたドナルド・トランプが大統領になり、制度を縮小させた。国民から保険料を強制的に徴収する仕組みに反発が根強かったのに加え、巨額の財政負担が重荷になるとトランプは指摘していた。それはレーガン以降の、富裕層による小さい政府志向の政治への先祖返り的な色彩が強かった。

そんななかで新型コロナウィルスの感染が広がり、多くの州で黒人の死亡率が白人に比べて高い状況となった。富裕層がつきつけた、貧しい人への幅広い医療提供への「ノー」が黒人に襲い掛かり、人種による命の重さの違いを露呈してしまった。

米国の大統領選挙は民主、共和両党の予備選の開始から一年以上続く長丁場だ。テレビでの広告なども有効な手段とされる選挙風土にあって、必要な資金は軽く一億ドルを超える。建前としては幅広い寄付を募れば選挙戦は戦えるため、貧しい人でも立候補はできるが、実際問題として富裕であることが必要条件である。

大統領の顔ぶれを見ても不動産王のトランプのほかに、二人の大統領を輩出したブッシュ家は名門一族である。候補者として注目されたことのあるロス・ペローや、マイケル・ブルムバーグは大富豪である。

富豪が政治を動かし、利益を上げやすい仕組みを作っていく。その際に重視されるのは市場原理に基づく競争で、GDPだけに着目すればそれは正当化される。しかし、そこから脱落したものとの格差はどんどん開いていく。

富裕になった人たちは上手に政治をコントロールして、富の集中は進んだが、結果として民主主義とは折り合いが悪い世界が現出してしまった。それはまさに、富裕層による寡頭政治の様相を呈している。

日本では中国や米国のような富豪が少なく、富豪による政治力の行使がそれほど目立っていない。ただ自民党などへの政治献金を通じて経団連などが一定の影響力を持っているほか、ミニ富裕層ともいえる高級官僚が影響力を維持している。

近年、定義ははっきりしないが「上級国民」という言葉が使われているのは事実だ。経済産業省の幹部OBが自家用車で死亡事故を起こしたにもかかわらず、逮捕されないという事件がきっかけで、権力者に取り入る一部の特権階級が一般の国民とは異なる対応が容認される実態が白日の下にさらされた。

富裕層が優遇される事態が垣間見えたのは、日産自動車の元会長で、金融商品取引法違反の容疑で逮捕されたカルロス・ゴーンが、保釈条件を破ってレバノンに逃亡した事件だ。高額で雇った弁護士事務所内で、逃亡を手助けした外国人と面会。関西国際空港のプライベートジェット・ビジネスジェット専用施設からひそかに違法出国している。

プライベート・ジェットは富裕層の利用が多いことから、出入国審査手順が甘く、対面審査はないことも多い。ゴーンの場合は、そもそも荷物の中に隠れて出国したとみられているが、荷物についても保安検査体制が甘く、荷物対応X線検査機を備えていないケースもある。要するに、富裕層は立派な人で犯罪とは無縁だという愚かな性善説に基づく出入国体制しか組まれておらず、そのすきを利用されてしまった。

お金を最優先する中で、富を持つもの、富を生み出す規制権限を持つものが優遇される仕組みは洋の東西を問わず強まっている。国民をベースにした政治体制である民主主義が、お金の論理で捻じ曲げられつつある。正常化に向けた政治の役割がこれまで以上に大きくなっているが、富裕層以外が政治力を行使することはますます難しくなっていると言えよう。

おわりに　目立ちすぎた格差がもたらす新秩序の模索

　世界の貧富の格差を研究してきたトマス・ピケティとエマニュエル・サエズによると、第二次世界大戦後に貧富の格差は一時縮小したものの、一九八〇年ごろから格差が拡大の一途をたどっているとしている。米国では所得が上位一〇％の人々の所得の国民総所得に占める比率は八〇年の三〇％台前半から、二〇〇〇年には四〇％台半ばまで上昇した。それが最近では五〇％に達するなど、富裕層へ富が急速に集中していった。

　富裕層への富の集中度が高まり始めた一九八〇年代は、英国ではマーガレット・サッチャー、米国ではロナルド・レーガンが、自己責任を重視し小さな政府を推進する市場原理主義的な政策運営を展開した時期である。規制が緩和され、競争が促進された。均衡財政が志向され、福祉や公共サービスは民営化などの手法によって縮小されていった。

　促された競争を勝ち抜いた勝者が、富を蓄えていく。その一方で競争から脱落した貧しい人々の賃金は増えないままで、格差が開いていく。その結果、例えばニューヨークの中心部では富豪が数億ドルで購入した住宅で豪華な生活を送っているが、同じ道路を北上すると路上生活者も行きかう。貧しい人たちの目の前で、新貴族文化が花開いている。

しかしそんな富裕層の時代は、転機を迎えつつある。二〇〇七年から〇八年にかけて起きた金融危機は、富裕層が牛耳る金融機関が貧しい米国の個人をだます融資（信用力の低い個人向け住宅融資―サブプライムローン）で大儲けをしようとする戦略の行き詰まりで、結果的にウォール街占拠運動が起きる。

そして新型コロナウィルスの世界的感染（パンデミック）では、同じ地域で所得の低い黒人の感染率、死亡率が白人より大幅に高い状況が現出する。貧富の差が開いた結果は、生きている価値にまで差をつけるものであったことが白日の下にさらされた。かつて、支配層の白人が黒人を奴隷として使っていたころの光景を思い起こさせるような事態である。市場原理主義がもたらした「金がすべて」の世界は、本当に正しいのかという疑念が世界的に強まっている。

最近、日本も例外ではないと感じることがあった。預貯金口座を持たない無貯蓄世帯は、一九八〇年代前半に五％前後で推移していたが、九〇年代に増加基調を増し、二〇一三年に三〇％台に乗せた。経団連などが求めた派遣労働に関する規制緩和を受けて非正規労働者が増え、貯蓄する余裕のない世帯が急増し、ほぼ三世帯に一世帯を蓄えがない自転車操業的な生活を余儀なくされている。そしてコロナ禍で事実上、都市封鎖されると、そうした人々は働く場を失い、一部の人々は食うにも困る状況に追い込まれた。日本人はおとなしいので米国のように激しい運動は起こっていないが、効率優先の政策が貧しい人々に襲い掛かる構図は厳然と存在する。

富裕層が政治を握っているため、すぐに公平な社会に戻るわけではない。トランプ政権は相変わらず富裕層に有利とみられる減税を強行した。日本でも、逆進性が強いといわれる消費税率が引き上げられている。富裕層優遇策が繰り出されるたびに、貧しい側からの怒りのマグマは確実にたまっている。

富裕層はどこに行くのだろう。

金融危機以降、富裕層が慈善事業に寄付をするといった報道が目立つようになった。欧米の富豪にはまともな篤志家もおり、何億ドルもの資金をぽんと寄付したりしている。

貧しい人から搾取して豊かになった悪人ではなく、善人であることをことさら強調しようとしている。もちろんお金を寄付もしない人たちより、寄付するほうがいいのだが、よく考えてみると富豪は投資にかかる税金などで優遇措置を受けており、その結果、寄付額の何十倍、何百倍も稼いでいる。

目立ちすぎた自分たちの豪華さを、隠そうとする動きが強まるかもしれない。批判にさらされれば、ろくなことはないからだ。一般人が入れないエリアだけで、一般人とはかけ離れた豪華な生活を送るような人が増えるだろう。

とはいえ、ミリオネアの数は五〇〇〇万人近く。増えすぎた富裕層は隠れようとしても、隠れられないマスに育っている。不満が高まれば、富裕層に格差是正の矛先が向くのは間違いない。

富裕層だけを優遇するような仕組みは、変更を迫られる。開きすぎた格差の拡大の、巻き戻しが起きることになる。富裕層が政治的な力を握っているため、巻き戻しには時間がかかるかもしれない。しかし時間がかかりすぎると、是正圧力は一段と高まることになる。それが平和裏に起きるのか、暴力的なのか、経済の大波乱を伴うのか、わからないが、変革への機運は確実に強まっている。

最後になりますが、文中敬称は略させていただきました。出版にあたり編集にご尽力いただいた筑摩書房編集部の羽田雅美さんに心から感謝申し上げます。

主な参考文献

はじめに

Chuck Collins "Billionaire Pandemic Wealth Gains Surge Past Half-Trillion as 42.6 million File for Unemployment", June 4, 2020.

Tiffany Ford, Sarah Reber,and Richard V.Reeves, "Race gaps in COVID-19 deaths are even bigger than they appear", June 16, 2020, Brookings Institution

Emmanuel Saez, "Striking it Richer: The Evolution of Top Incomes in the United States", March 2, 2019,UC Berkeley

第１章

"World's Billionaires List,The Richest in 2020", April 2020,Forbes

"Dreams Deferred: How Enriching the 1% Widens the Racial Wealth Divide", January 14, 2019, Institute for Policy Studies

高額納税者公示（2006など、国税庁）

トマ・ピケティ『21世紀の資本』山形浩生他訳、みすず書房、2014年、原題 *LE CAPITAL au XXIe siècle*

第２章

World Wealth Report 2019, Capgemini

Global wealth report 2019, October 2019, Credit Suisse

François Bourguignon, "World changes in inequality: an overview of facts, causes, consequences and policies", August 2017,Bank for International Settlements

Erwan Rambourg and the Global Consumer and Retail Team, "China Deluxe Anatomy of the future luxury consumer", March 2018, HSBC

China Luxury Report 2019, April 2019, McKinsey & Company

"Chinese tourists: Dispelling the myths", September 2018,McKin-

sey & Company
THE WEALTH REPORT, 2016, Knight Frank
The WealthiHer Report 2019 "Understanding the Diversity of Women's Wealth", May 1st 2019, WealthiHer Network
"Understanding China's new consuming class—the millennials", June 2017, Fung Business Intelligence

第3章
Elroy Dimson, Paul Marsh, Mike Staunton, "Credit Suisse Global Investment Returns Yearbook 2018", 2018,Credit Suisse
ステイシー・パーマン『スーパー・コンプリケーション　伝説の時計が生まれるまで』武藤陽生・黒木章人訳、太田出版、2014年
ヨアヒム・クルツ『ロスチャイルド家と最高のワイン　名門金融一族の権力、富、歴史』瀬野文教訳、日本経済新聞出版社、2007年
THE WEALTH REPORT, 2019, Knight Frank
The Art Market 2020, 2020, An Art Basel & UBS Report
Business of yachting, 2019, Boat International

第4章
Bruno Wilhelm Speck, "MONEY IN POLITICS: SOUND POLITICAL COMPETITION AND TRUST IN GOVERNMENT",14-15 November 2013, OECD
Nathaniel Persily, Robert F. Bauer and Benjamin L. Ginsberg, "Campaign Finance in the United States: Assessing an Era of Fundamental Change", January 2018
Lea Elsässer, Svenja Hense, and Armin Schäfer, "Government of the People, by the Elite, for the Rich", June 2018, The Max Planck Institute for the Study of Societies

The Panama Papers, April 3, 2016, *International Consortium of Investigative Journalists*
Rashawn Ray, "Why are Blacks dying at higher rates from COVID-19?", April 9, 2020, Brookings Institution
Alexander Krenek, Margit Schratzenstaller, "Sustainability-oriented Future EU Funding: A European Net Wealth Tax", June 2017, FairTax Working Paper Series
George Soros etc., "A CALL TO ACTION: A LETTER IN SUPPORT OF A WEALTH TAX", June 24, 2019

ちくま新書
1524

スーパーリッチ
――世界《せかい》を支配《しはい》する新勢力《しんせいりょく》

二〇二〇年一〇月一〇日　第一刷発行
二〇二〇年一〇月二五日　第二刷発行

著者　太田康夫（おおた・やすお）
発行者　喜入冬子
発行所　株式会社　筑摩書房
東京都台東区蔵前二-五-三　郵便番号一一一-八七五五
電話番号〇三-五六八七-二六〇一（代表）
装幀者　間村俊一
印刷・製本　三松堂印刷　株式会社

ISBN978-4-480-07347-1 C0236

ちくま新書

1011
チャイニーズ・ドリーム
——大衆資本主義が世界を変える
丸川知雄
日本企業はなぜ中国企業に苦戦するのか。その秘密は、カネも技術もなくても起業に挑戦する普通の庶民のハングリー精神と、彼らが生み出すイノベーションにある！

1130
40代からのお金の教科書
栗本大介
子どもの教育費、住宅ローン、介護費用、老後の準備、相続トラブル。取り返しのつかないハメに陥らないために、「これだけは知っておきたいお金の話」を解説。

1260
金融史がわかれば世界がわかる【新版】
——「金融力」とは何か
倉都康行
金融取引の相関を網羅的かつ歴史的にとらえ、資本主義がどのように発展してきたかを観察。旧版を大幅に改訂し、実務的な視点から今後の国際金融を展望する。

1276
経済学講義
飯田泰之
ミクロ経済学、マクロ経済学、計量経済学の主要3分野をざっくり学べるガイドブック。体系を理解して、大学で教わる経済学のエッセンスをつかみとろう！

1277
消費大陸アジア
——巨大市場を読みとく
川端基夫
中国、台湾、タイ、インドネシア……いま盛り上がるアジア各国の市場や消費者の特徴・ポイントを豊富な実例で解説する。成功する商品・企業は何が違うのか？

1312
パパ1年目のお金の教科書
岩瀬大輔
これからパパになる人に、これだけは知っておいてほしい「お金の貯め方・使い方」を一冊に凝縮。パパとして奮闘中の方にも、きっと役立つ見識が満載です。

1316
アベノミクスが変えた日本経済
野口旭
「三本の矢」からなるアベノミクスは、日本経済を長期デフレから脱却させることに成功しつつある。その現状を示し、その後必要となる「出口戦略」を提示する。

ちくま新書

1332
ヨーロッパで勝つ！ ビジネス成功術
――日本人の知らない新常識
塚谷泰生
EPA合意でヨーロッパビジネスの大チャンスがやってきた。日本製品は交渉術を身につければ必ず売れる。経験豊富な元商社マンが伝授する、ビジネス成功の極意。

1374
東京格差
――浮かぶ街・沈む街
中川寛子
「閑静な住宅街」「職住分離」「住みよい街」という発想はもはや時代遅れ。二極化する東京で、生きのこる街の条件は何か？ 豊富な事例も交えつつ具体策を探る。

1394
日本が外資に喰われる
中尾茂夫
「資産の壮大な歴史的移転」はなぜ起きたのか。転換点となった不良債権処理ビジネスの力学を解明し、「失われた30年」が物語る日本社会の仕組みを描く。

1431
習近平の中国経済
――富強と効率と公正のトリレンマ
石原享一
対米貿易戦争と成長鈍化で中国経済は重大な転機を迎えている。なぜ改革は行き詰まっているのか。中国は凋落していくのか。中国経済の矛盾を見つめ今後を展望する。

1437
ネットで勝つ情報リテラシー
――あの人はなぜ騙されないのか
小木曽健
ネット空間は怖くない！ フェイクを見破り、炎上を防ぎ、あなたの声を正しく届ける技術、教えます。「ネットで勝ち抜く」大人のための情報リテラシー入門書。

1443
ドル化とは何か
――日本で米ドルが使われる日
土田陽介
財政破綻に陥った新興国で進む「ドル化」。自国通貨と共に外国通貨を利用するこの現象を通じて、通貨危機の足音が着実に忍び寄る日本経済の現状を分析する。

1492
日本経済学新論
――渋沢栄一から下村治まで
中野剛志
日本の近代資本主義を確立した渋沢栄一の精神は、いかに高橋是清、岸信介、下村治ら実務家たちに受け継がれたか。気鋭の評論家が国民経済思想の系譜を解明する。

ちくま新書

1504
アフリカ経済の真実
――資源開発と紛争の論理
吉田敦

豊富な資源があっても、大規模開発があっても、人々は貧しいまま。それはなぜなのか？　日本では知られていないアフリカ諸国の現状を解説し、背景を分析する。

784
働き方革命
――あなたが今日から日本を変える方法
駒崎弘樹

仕事に人生を捧げる時代は過ぎ去った。「働き方」の枠組みを変えて少ない時間で大きな成果を出し、家庭や地域社会にも貢献する新しいタイプの日本人像を示す。

800
コミュニティを問いなおす
――つながり・都市・日本社会の未来
広井良典

高度成長を支えた古い共同体が崩れ、個人の社会的孤立が深刻化する日本。人々の「つながり」をいかに築き直すかが最大の課題だ。幸福な生の基盤を根っこから問う。

802
心理学で何がわかるか
村上宣寛

性格と遺伝、自由意志の存在、知能のはかり方……。これらの問題を考えるには科学的方法が必要だ。俗説や疑似科学を退け、本物の心理学を最新の知見で案内する。

883
ルポ 若者ホームレス
飯島裕子
ビッグイシュー基金

近年、貧困が若者を襲い、20～30代のホームレスが激増している。彼らはなぜ路上暮らしへ追い込まれたのか。貧困が再生産される社会構造をあぶりだすルポ。

900
日本人のためのアフリカ入門
白戸圭一

負のイメージで語られることの多いアフリカ。しかし、それらはどこまで本当か？　メディアの在り方を問い直しつつ「新しいアフリカ」を紹介する異色の入門書。

937
階級都市
――格差が街を侵食する
橋本健二

街には格差があふれている。古くは「山の手」「下町」と身分によって分断されていたが、現在もその構図は変わっていない。宿命づけられた階級都市のリアルに迫る。

955
ルポ 賃金差別
竹信三恵子
パート、嘱託、派遣、契約、正規……。同じ仕事内容でも、賃金に差が生じるのはなぜか？ 非正規雇用という現代の「身分制」をえぐる、衝撃のノンフィクション！

992
「豊かな地域」はどこがちがうのか
――地域間競争の時代
根本祐二
低成長・人口減少の続く今、地域間の「パイの奪いあい」が激化している。成長している地域は何がちがうのか？ 北海道から沖縄まで、11の成功地域の秘訣を解く。

1074
お金で世界が見えてくる！
池上彰
お金はどう使われているか？ お金と世界情勢のつながりとは？ 円、ドル、ユーロ……、世界を動かすお金を徹底解説。お金を見れば、世界の動きは一目でわかる！

1113
日本の大課題 子どもの貧困
――社会的養護の現場から考える
池上彰編
格差が極まるいま、家庭で育つことができない子どもが増えている。児童養護施設の現場から、子どもの貧困についての実態をレポートし、課題と展望を明快にえがく。

1289
ノーベル賞の舞台裏
共同通信ロンドン支局取材班編
人種・国籍を超えた人類への貢献というノーベルの理想、しかし現実は。名誉欲や政治利用など、世界最高の権威ある賞の舞台裏を、多くの証言と資料で明らかに。

1333-5
格差社会を生き抜く読書
【シリーズ ケアを考える】
佐藤優
池上和子
波瀾万丈な人生を歩んできた佐藤氏と、貧困の現実に詳しい臨床心理士の池上氏が、格差社会のリアルを語る。危機の時代を生き抜くための読書案内。

1338
都心集中の真実
――東京23区町丁別人口から見える問題
三浦展
大久保1丁目では20歳の87%が外国人。東雲1丁目だけで子どもが2400人増加。中央区の女性未婚者増は男性の倍。どこで誰が増えたのか、町丁別に徹底分析！